T0045784

MENTOR
101

JOHN C.
MAXWELL

GRUPO NELSON
Una división de Thomas Nelson Publishers
Desde 1798

NASHVILLE   DALLAS   MÉXICO DF.   RÍO DE JANEIRO

Traducción: *Beatriz Pelayo*
Adaptación del diseño al español: *www.Blomerus.org*

ISBN: 978-1-60255-845-8

Edición revisada por Lidere

www.lidere.org

Impreso en Estados Unidos de América

CONTENIDO

Prólogo v

PARTE I: PREPARARSE PARA SER MENTOR DE OTROS

1. ¿Qué necesito saber antes de empezar? 1
2. ¿Cómo adopto la mentalidad de un mentor?. 9

PARTE II: DEDICARSE AL PROCESO DE SER MENTOR

3. ¿De quién debo ser mentor? 25
4. ¿Cómo puedo prepararlos para el éxito? 41
5. ¿Cómo los ayudo a realizar un mejor trabajo? 55
6. ¿Cómo creo el ambiente adecuado?. 73

PARTE III: LLEVAR A LAS PERSONAS MÁS ALTO

7. ¿Cómo ayudo a las personas a ser mejores? 93
8. ¿Qué debo hacer si me superan? 105

Notas. 117
Acerca del autor 119

He sentido una gran pasión por el crecimiento personal la mayor parte de mi vida. De hecho, ¡he creado y logrado un plan de crecimiento para cada año durante los últimos cuarenta! La gente dice que la sabiduría viene con la edad, yo no creo que eso sea cierto, algunas veces la edad viene sola. No hubiera logrado ninguno de mis sueños si no me hubiera dedicado al mejoramiento continuo.

Si desea crecer y llegar a ser lo mejor de usted, debe tener la intención de lograrlo. La vida es, al mismo tiempo, ajetreada y compleja. La mayoría de la gente no tiene tiempo para terminar su lista de pendientes del día, y tratar de completar todo en cada área de la vida puede ser un reto. ¿Sabía que se ha producido más información nueva en los últimos treinta años que en los cinco mil anteriores? Una edición de cualquier día de la semana del *New York Times* contiene más información que la mayoría de la gente en Inglaterra en el siglo XVII podía encontrar en toda su vida.

Es por eso que he desarrollado las series de libros 101. Hemos elegido cuidadosamente los temas básicos en liderazgo, actitud, relaciones, trabajo en equipo y ser mentor, y los hemos puesto en un formato que puede leer en una sentada. También puede llevar un libro 101 en un portafolio o bolso y leerlo en diferentes lugares conforme lo permita el tiempo.

En muchos de mis libros más grandes, trato cada tema en mayor detalle; lo hago porque creo que a menudo es la mejor manera de dar un valor agregado a la gente. *Éxito 101* es diferente. Es una introducción a un tema, no el «curso avanzado». Sin embargo, creo que le ayudará en su camino de crecimiento en esta área de su vida. Espero que disfrute este libro, y oro para que le ayude tanto como usted desee mejorar su vida y lograr sus sueños.

PARTE I

PREPARARSE PARA SER

MENTOR DE OTROS

I

¿QUÉ NECESITO SABER ANTES

L a mayoría de las personas que quieren tener éxito se enfocan completamente en ellas, no en los demás, cuando inician el proceso. Por lo general piensan sólo en lo que pueden obtener: en posición, poder, prestigio, dinero, y extras. Pero esa no es realmente la manera de volverse exitoso. Para eso, tiene que dar a los demás. Como dijo Douglas M. Lawson: «Existimos temporalmente a través de lo que recibimos, pero vivimos para siempre de lo que damos».

Por eso es esencial enfocarse en llevar a los demás a un nivel más alto. Y podemos hacer eso con la gente cercana a nosotros en cualquier área de nuestras vidas: en la casa y en el trabajo, en la iglesia y en el club. Es evidente lo que el diputado de Texas, Wright Patman hizo, de acuerdo a la historia contada por el senador Paul Simon. Él dijo que

Patman murió a los ochenta y dos años de edad mientras servía a la Cámara de Representantes de Estados Unidos. En su funeral se escuchó decir a una mujer de edad avanzada, que vivía en su distrito: «Él llegó hasta lo más alto, pero nos llevó a todos con él».

¿POR QUÉ MUCHAS PERSONAS NO QUIEREN SER EL MENTOR DE OTRAS?

Si ser el mentor de otros es una vocación llena de recompensas, ¿por qué no lo hacen todos? Una de las razones es porque cuesta trabajo, pero también hay muchas otras; aquí están algunas de las más comunes:

LA INSEGURIDAD

Virginia Arcastle comentó: «Cuando las personas están hechas para sentirse seguras, importantes y apreciadas, no les es necesario hacer sentir menos a los demás para percibirse superiores». Eso es lo que la gente insegura tiende a hacer: sentirse mejor a expensas de otros.

Por otra parte, las personas verdaderamente exitosas, levantan a los demás. Y no se sienten amenazadas creyendo que ellas serán más exitosas y llegarán a un nivel más alto. Están creciendo y luchando por su potencial; sin preocuparse porque alguien las reemplace. No son como el ejecutivo que mandó un memorándum al director de personal que citaba: «Busca en la compañía a un joven agresivo que

ser la novia de la boda o el cadáver del funeral. Creen que las demás personas existen sólo para servirles de una manera u otra. Así era Adolf Hitler. Según Robert Waite, cuando Hitler buscaba un chofer entrevistó a treinta candidatos para el trabajo. Escogió al hombre con la estatura más baja del grupo para que fuera su chofer personal por el resto de su vida, sin importar que el hombre necesitara bloques especiales debajo del asiento del conductor para poder ver por encima del volante.[1] Hitler utilizó a otros para verse más grande y mejor de lo que realmente era. Una persona que sólo se preocupa por sí misma no considera necesario gastar tiempo en elevar a otros.

LA INCAPACIDAD PARA DISTINGUIR LAS «SEMILLAS DEL ÉXITO» DE LAS PERSONAS

Creo que todas las personas tienen la semilla del éxito dentro de ellas. Muchas personas no pueden encontrar las suyas y mucho menos las de los demás, como resultado, no alcanzan su potencial. Pero muchos encuentran esa semilla, y existe la posibilidad que usted sea uno de ellos. La buena noticia es que una vez que ha encontrado la suya es más probable encontrar las de otros. Cuando lo hace, beneficia a ambos, ya que usted y la persona a la cual ayudó, serán capaces de cumplir los propósitos para los cuales nacieron cada uno.

La habilidad de encontrar la semilla del éxito de otra persona cuesta, implica comprometerse, ser diligente y tener un verdadero deseo de enfocarse en los demás. Tiene que ver los talentos, el temperamento, las pasiones, los éxitos, las alegrías y las oportunidades de la persona. Y una vez encontrada la semilla, la tiene que fertilizar con ánimo y regarla con oportunidad. Si lo hace, la persona florecerá ante sus ojos.

EL CONCEPTO ERRÓNEO DEL ÉXITO

El verdadero éxito es conocer su propósito, crecer para alcanzar su máximo potencial y sembrar semillas para beneficiar a otros. La persona promedio no lo sabe, él o ella compite por llegar al destino o adquiere más posesiones que sus vecinos.

Fred Smith dijo: «Algunos tendemos a pensar, *pude haber sido un éxito, pero nunca tuve la oportunidad. No nací en la familia adecuada o no tuve el dinero para ir a una mejor escuela.* No obstante, cuando medimos el éxito por la proporción en que estamos usando lo que recibimos, eso elimina la frustración». Y uno de los aspectos más excelentes sobre cómo estamos usando lo que recibimos se encuentra en el área de cómo ayudamos a los demás. Como Cullen Hightower comentó: «Una medida verdadera de su valor incluye todos los beneficios que otros han obtenido de su éxito».

FALTA DE ENTRENAMIENTO

La razón final por la cual mucha gente no levanta a aquellos a su alrededor es porque no sabe cómo hacerlo. Ser el mentor de otros no es algo que la mayoría de las personas aprenda en la escuela. Aunque usted haya ido a la universidad para convertirse en maestro, probablemente fue entrenado para diseminar la información en un grupo, y no para ir al lado de una sola persona, influir en su vida, y llevarla a un nivel más alto.

QUÉ NECESITA SABER AL INICIAR

Llevar a las personas a un nivel más alto y ayudarlas a ser más exitosas, no sólo consiste en darles información o técnicas. Si ese fuera el caso, cualquier empleado nuevo de ser aprendiz pasaría directamente a ser exitoso en cuanto aprendiera cómo hacer su trabajo; cualquier niño sería exitoso siempre que aprendiera algo nuevo en la escuela. Pero el éxito no viene automáticamente después del conocimiento. El proceso es complicado porque se está trabajando con personas. Sin embargo, entender algunos conceptos básicos sobre ellas facilita la habilidad de mejorar a otros. Por ejemplo, recuerde que:

- *Todos quieren sentirse valiosos.* Donald Laird dijo: «Ayudar a la gente siempre aumenta su autoestima. Desarrolle su habilidad haciendo que otras personas se sientan importantes. No hay mejor manera de halagar a alguien que ayudarle a ser útil y a encontrar satisfacción en su utilidad». Cuando una persona no se siente bien consigo misma, nunca creerá que es exitosa, sin importar lo que logre. Pero una persona que se siente valiosa está lista para el éxito.

- *Todos necesitan y responden al estímulo.* Una de mis citas favoritas es del empresario Charles Schwab, quien dijo: «Aún tengo que encontrar al hombre, no obstante exalto su condición, quien no hizo un mejor trabajo e hizo un gran esfuerzo bajo un espíritu de aprobación que bajo uno de crítica». Si lo que quiere es levantar a otra persona, entonces tiene que convertirse en uno de sus partidarios incondicionales. Las personas se pueden dar cuenta cuando usted no cree en ellas.

• **_Las personas están motivadas por naturaleza._** Me he dado cuenta de que las personas están motivadas por naturaleza. Si lo duda, sólo observe a los niños pequeños en cuanto aprenden a caminar. Están en todo, tienen una curiosidad natural, y no puede mantenerlos quietos. Creo que ese sentido innato de motivación existe todavía en los adultos, pero para demasiadas personas esto ha sido derrotado por la falta de apoyo, diversas ocupaciones, estrés, malas actitudes, falta de apreciación, escasos recursos, poco entrenamiento o falta de comunicación. Para conseguir que se interesen por su potencial, necesita volver a motivarlos. Una vez que los ayude a apoderarse de las cosas que en el pasado los derribaron, a menudo se motivan a sí mismos.

• **_La gente cree en la persona antes de creer es su liderazgo._** Muchas personas sin éxito que tratan de dirigir a otros tienen la idea errónea de que la gente los seguirá si su causa es buena. No es así como funciona el liderazgo. La gente lo seguirá sólo cuando crea en usted. Ese principio aplica aún cuando esté ofreciendo mejorar a los demás y llevarlos a un nivel más alto.

Entre más entienda a la gente, mayor será su oportunidad de tener éxito siendo mentor. Si usted ha desarrollado en gran manera las habilidades de relacionarse con las personas y realmente se interesa en otros, probablemente el proceso le vendrá naturalmente.

2

¿CÓMO ADOPTO LA MENTALIDAD DE UN MENTOR?

Ser mentor es quien es usted al igual que es lo que hace.

Si tiene un don natural para interactuar positivamente con la gente o ha trabajado mucho en ello, es capaz de ser mentor de otros y llevarlos a un nivel más alto. Los puede ayudar a desarrollar un mapa hacia el éxito y seguir el viaje con ellos mientras usted sigue creciendo como persona y líder.

PIENSE COMO UN MENTOR

Aquí están los pasos que necesitará seguir para convertirse en la clase de mentor que es capaz de ser:

1. Haga que el desarrollo de la gente sea su prioridad principal

Si quiere tener éxito al desarrollar a las personas, tiene que hacerlo su prioridad principal. Siempre es más fácil desechar a las personas que desarrollarlas. Si no lo cree, pregúntele a cualquier empleador o abogado de divorcios. Pero mucha gente no se da cuenta de que aunque desechar a la gente es fácil, tiene un precio muy alto. En los negocios, el precio viene desde la baja en la productividad, los costos de administración causados al despedir y contratar, hasta la moral baja. En el matrimonio generalmente se paga con las vidas destruidas.

Aprendí esta lección cuando estaba en mi primer labor pastoral. Yo deseaba edificar una gran iglesia. Pensé que sería un éxito si lo hacía. Y cumplí mi objetivo. Llevé a esa pequeña congregación de tres personas a más de 250, y lo hice en una pequeña comunidad rural. Pero hice la mayoría de las cosas yo mismo; con la ayuda de mi esposa Margaret. No desarrollé a nadie más. Como resultado sólo obtuvimos éxito en los lugares que toqué; tuvimos quejas en todos los lugares que no toqué; y muchas cosas se vinieron abajo después de que me fui.

Aprendí mucho de esa experiencia y en mi segunda posición, mi prioridad fue hacer crecer a los demás. Por un periodo de más de ocho años, ayudé a treinta y cinco personas a crecer y ellos edificaron esa iglesia y la hicieron exitosa. Después de que me fui, la iglesia era tan exitosa como cuando estaba ahí ya que esos líderes fueron capaces de seguir sin mí. Si quiere cambiar la vida de los demás, haga lo mismo. Comprométase a desarrollar a las personas.

2. LIMITE LA CANTIDAD DE PERSONAS QUE LLEVARÁ CONSIGO

Al empezar a desarrollar a las personas, véalo como si fuera un viaje en un pequeño avión privado. Si trata de llevar a mucha gente consigo, nunca logrará elevarse, además, su tiempo es limitado.

Cuando imparto seminarios de liderazgo, siempre enseño lo que es conocido como el Principio de Pareto (80/20): En pocas palabras, dice que si concentra la atención en el primer veinte por ciento de cualquier cosa que hace, obtendrá un ochenta por ciento del beneficio. Cuando se trata de desarrollar a las personas, debe emplear el ochenta por ciento de su tiempo mejorando sólo al primer veinte por ciento de la gente a su alrededor. Eso debe incluir a la gente más importante de su vida, como su familia y las personas que tienen mayor potencial. Si trata de ser mentor de más personas que esas, quedará muy poco de usted.

3. MEJORAR LAS RELACIONES ANTES DE INICIAR

Los mejores líderes entienden la importante regla de las relaciones cuando se trata del éxito. Por ejemplo, Lee Iacocca una vez le preguntó al legendario entrenador de los Packers de Green Bay, Vince Lombardi, cómo creó a un equipo ganador. Aquí esta lo que Lombardi respondió:

> Hay muchos entrenadores con buenos equipos de fútbol americano que saben los fundamentos y tienen mucha disciplina pero aun así no ganan el juego. Después usted llega con el tercer ingrediente: Si van a jugar juntos como un equipo, deben de cuidarse unos a otros. Tienen que quererse unos a otros. Cada jugador debe de estar pensando en el otro y decirse a sí mismo: «Si no bloqueo a ese hombre, va a fracturar las piernas de Paul. Tengo que hacer bien mi trabajo para que él pueda hacer el suyo».
>
> La diferencia entre mediocridad y grandeza, es el aprecio que estos jugadores se tienen.[1]

El concepto no sólo aplica para el fútbol americano. Es también para personas que viajan juntas por una temporada como mentor y discípulo. Si no hay una buena relación desde el inicio, no llegarán muy lejos juntos.

Mientras se prepara para desarrollar a otras personas, tómese el tiempo para que se conozcan. Pídales que compartan su historia con usted, hasta donde han llegado en ese momento. Averigüe lo que les motiva, sus fortalezas y debilidades, sus temperamentos. Y pase algún tiempo con ellos fuera del ambiente en que regularmente los ve. Si trabajan juntos, entonces practiquen juntos algún deporte. Si se conocen de la iglesia, encuéntrese con ellos en su trabajo. Si van juntos a la escuela, entonces pasen algún tiempo en casa. También puede usar ese principio con su familia. Por ejemplo, si pasa tiempo con sus hijos fuera del lugar donde generalmente se encuentran, conocerá más de ellos. Mejorará su relación y será como nunca antes había sido, y esto le ayudara a crecer.

Otra ventaja de relacionarse con la gente antes de empezar juntos el viaje es descubrir qué tipo de «compañeros de viaje» va a tener. Mientras reúne a otros para el viaje al éxito, elija personas que cree que le agradarán. Después conózcalas para verificar su elección. Es la mejor manera de que sea efectivo, y disfrute el viaje.

4. Ayude incondicionalmente

Cuando empieza a desarrollar a las personas, nunca debería tener en mente que obtendrá algo a cambio. Esa actitud seguramente lo hará fracasar. Si espera obtener algo a cambio y eso no sucede, se amargará la vida. Y si obtiene menos de lo que espera, resentirá el tiempo que gastó. No, usted debe entrar en el proceso sin esperar nada más que la satisfacción personal. Dé por el gusto de dar, sólo por la dicha de ver que otra persona aprende a volar. Cuando se acerca de esa manera, su actitud siempre será positiva, y las ocasiones en que reciba algo a cambio, serán un momento con todas las de ganar.

5. Déjelos volar con usted por un tiempo

Quiero compartirle un secreto. Le garantiza el éxito al ser mentor. ¿Está listo? Este es: Nunca trabaje solo. Sé que suena muy fácil, pero es el verdadero secreto para desarrollar a los demás. Siempre que haga algo que quiera enseñarles a otros, lleve a alguien con usted.

Para muchos de nosotros esto no es una práctica innata. En Estados Unidos la técnica de aprendizaje usada por muchas personas para enseñar, nos fue heredada de los griegos. Es una aproximación de lo que sería un «salón de clases» cognitivo, como el usado por Sócrates para enseñarle a Platón, y Platón a Aristóteles. El líder se pone de pie y habla, hace preguntas o sermonea. El seguidor se sienta a sus pies, escuchando. Su meta es comprender las ideas del instructor.

Pero ese no es el único modelo disponible para ayudar a los demás a crecer. Tenemos otro usado por otra antigua cultura: los hebreos. Su método era más bien la formación en el trabajo. Se basaba en relaciones y experiencias en común. Es lo que los artesanos han hecho durante siglos. Toman aprendices que trabajan con ellos hasta que dominan el arte y son capaces de pasarlo a otros. Su método es similar a éste:

- **Yo lo hago.** Primero aprendo a hacer el trabajo. Tengo que entender el porqué y el cómo y tratar de perfeccionar mi oficio.
- **Yo lo hago y usted ve.** Lo demuestro mientras usted observa y durante el proceso, explico lo que estoy haciendo y el porqué.
- **Usted lo hace y yo lo veo.** Tan pronto como sea posible, cambiamos papeles. Le doy permiso y autoridad para realizar el trabajo, pero me quedo con usted para ofrecerle consejos, corregirlo y animarlo.
- **Usted lo hace.** Una vez que usted es muy competente, doy un paso atrás y lo dejo trabajar solo. El principiante es elevado a un nivel más alto. En cuanto se encuentra en ese nivel más alto, el maestro está libre para seguir con algo más alto todavía.

En todos los años que he estado preparando y desarrollando a otros, nunca he encontrado una mejor manera de hacerlo que esta. Por mucho tiempo, cada vez que estoy listo para hacer alguno de mis deberes, hago una práctica para la persona a quien quiero preparar para la tarea. Antes de que lo hagamos, hablamos de lo que va a pasar, y después discutimos lo que hicimos.

Tal vez usted ha hecho esto con las personas. Si no, trátelo ya que realmente funciona. Pero no olvide incluir a otros, es parte del procedimiento de plantación. No quiere encontrarse solo, ni seleccionar a una persona únicamente porque está disponible. Su meta es pasar tiempo con aquellos a los que ha escogido para desarrollar. Siempre seleccione personas y déles tareas que tengan que ver con sus fortalezas. Cualquiera que pase la mayor parte de su tiempo trabajando en un área de debilidad por un periodo prolongado se frustrará y agotará. Sin embargo, una persona desarrollada en su área de fortaleza será impulsada hacia su potencial.

6. LLÉNELES SU TANQUE DE COMBUSTIBLE

La gente no llegará lejos sin combustible, y eso significa recursos para su continuo crecimiento personal. Cualquier mentor puede darle ese valioso regalo a alguien que está desarrollando. Mucha gente no sabe en dónde encontrar buenos recursos o qué tipo de materiales seleccionar, especialmente cuando apenas está empezando.

Regularmente comparto libros, discos compactos y DVD con la gente a la que estoy ayudando a crecer. También me gusta mandarlos a seminarios. Mi meta es siempre aportar algo de beneficio cuando paso tiempo con alguien, ya sea un empleado, un colega o un amigo. Usted puede hacer lo mismo por los demás. Hay pocas satisfacciones como la de poner en manos de otros un recurso que los pueda llevar al siguiente nivel.

7. Quédese con ellos hasta que puedan hacerlo solos de manera satisfactoria

Me han dicho que todo estudiante para piloto, espera su primer vuelo con expectación, y una cierta cantidad de miedo. Pero un buen instructor de vuelo no le permitiría hacerlo solo hasta no estar listo, ni dejaría que el estudiante evitara el vuelo solo una vez que lo estuviera. Creo que sabe que esa es la diferencia entre un buen mentor y un intento de mentor. Es como la diferencia entre el instructor de vuelo y el agente de viajes. Uno se queda con usted, guiándolo durante todo el proceso hasta que está listo para viajar. El otro le da un boleto y le dice: «Espero que tenga un buen viaje».

Al desarrollar a las personas, recuerde que las está llevando con usted en el viaje hacia el éxito, no las está mandando. Quédese con ellas hasta que estén listas para volar, y cuando lo estén, llévelas a su camino.

8. DESPEJE LA TRAYECTORIA DEL VUELO

Incluso después de enseñarles a las personas a volar, de proveerles con combustible y darles permiso para tomar los controles, algunos mentores no dan el último paso requerido para hacer que su gente sea exitosa.

No les dan una trayectoria de vuelo libre de trabas. Regularmente no limitan a las personas que están desarrollando intencionalmente, pero aun así pasa.

Aquí están algunos de los obstáculos comunes que los mentores crean para los líderes potenciales:

- **Falta de una dirección clara:** Muchas veces un líder potencial tiene un mentor y aprende a hacer el trabajo, aunque después se le deja a la deriva, sin más dirección de su líder.
- **Burocracia:** O aprende como su líder trabaja y piensa y después se le coloca en un sistema burocrático que sofoca al espíritu innovador que el mentor acaba de engendrar.
- **Aislamiento:** Todos necesitan una comunidad de personas con quien compartir o de quien obtener apoyo. Generalmente si el mentor no lo da el nuevo líder no lo tendrá.
- **Trabajo sin resultado:** El trabajo sin un valor percibido desmoraliza y desmotiva a las personas.

- **Comunicación: poca y deshonesta:** Una orden que no se comunica honestamente a una persona a la que se le está desarrollando dificulta la relación y confunde al potencial líder.

Una vez que empiece a desarrollar a los demás, verifique que no les esté dejando obstáculos en la trayectoria. Déles direcciones claras, apoyo positivo, la libertad de volar. Lo que usted haga puede marcar la diferencia entre su fracaso o su éxito. Y cuando ellos tienen éxito, usted también.

9. Ayúdelos a repetir el proceso

Después de que ha hecho todo lo que puede para ayudar a su gente, las personas ya han tomado el vuelo y están volando alto, tal vez piense que ha terminado, pero no es así. Todavía hay un paso que debe dar para completar el proceso. Debe ayudarlos a aprender a repetir y desarrollar el proceso y ser mentores de otros. Como ve, no hay éxito sin sucesor.

La mayor dicha de mi vida ha sido ver como los líderes que ayudé a crecer y preparé han dado la vuelta y han repetido el proceso con otros. Debe ser similar a la dicha que siente un tatarabuelo al ver a las generaciones que han surgido en su familia. Con cada generación consecutiva el éxito continúa.

Este proceso de reproducción se ha convertido en patrón en mi vida. Por ejemplo cuando llegué a San Diego en 1981, contraté a una asistente llamada Bárbara Brumagin. La entrené, enseñándole todo lo que necesitaba saber para maximizar mi tiempo y mis talentos. Se quedó conmigo por once años, pero antes de irse, ella capacitó a Linda Eggers, quien es mi actual asistente.

Tal vez el ejemplo más extraordinario de desarrollo ha sido Dan Reiland, quien fue mi pastor ejecutivo por muchos años. Durante los primeros ocho años que trabajó para mí, pasé mucho tiempo desarrollándolo. Después, durante los siguientes seis años, asumió la responsabilidad de ser mentor y preparó a todo mi personal. Además él ha desarrollado personalmente a más de cien personas. Muchas de ellas han continuado el proceso, creando una nueva generación de líderes exitosos. Ahora Dan ayuda a crecer al personal en la Iglesia 12Stone en Georgia.

LEVANTE MÁS ALTO A LOS DEMÁS

Los efectos positivos de desarrollar a los demás son notables. Pero usted no tiene que ser una persona notable o excepcionalmente talentosa para ser mentor de otros. Puede ayudar a las personas a su alrededor y enseñarles a volar. El proceso requiere deseo y compromiso, sin embargo es la parte más gratificante del éxito. Ayudar a otros es la mayor dicha del mundo. Como ve, una vez que las personas aprenden a volar, son capaces de ir casi a cualquier lugar. Y en ocasiones cuando están volando alto le ayudan a avanzar a usted también.

Lleve a otros consigo y ayúdelos a cambiar sus vidas para bien. No hay nada más divertido en la vida o que tenga una mejor recompensa. Nunca se arrepentirá del tiempo que invirtió en la gente.

PARTE II

DEDICARSE AL PROCESO DE SER MENTOR

3

¿DE QUIÉN DEBO SER MENTOR?

Invierta su tiempo en las personas que darán el mejor resultado.

Con el tiempo aprendí esta importante lección: las personas que están más cerca de mí, determinan mi nivel de éxito o fracaso. Entre mejores sean, mejor soy yo. Y si quiero llegar al nivel más alto, sólo puedo lograrlo con la ayuda de otras personas. Tenemos que levantarnos unos a otros.

Descubrí esto hace alrededor de quince años, mientras llegaba a los cuarenta años de edad. En ese tiempo ya me sentía muy exitoso, era el líder de la iglesia más grande de mi denominación, ya había publicado cinco libros, era conocido como una autoridad en liderazgo y enseñaba en persona sobre el tema en conferencias y a través de lecciones grabadas en casetes de audio cada mes; había realizado el propósito por el cual fui creado, todos los días iba aumentando mi potencial y sembrando semillas que beneficiaban a otros. No obstante, mi deseo era crear un impacto aún más grande en los demás. Quería llegar a un nuevo nivel.

Mi problema era que me había topado con un obstáculo. Dirigía una gran organización que tomaba la mayor parte de mi tiempo, tenía una familia, continuamente escribía libros, lecciones de liderazgo y sermones. Y además de eso, mi agenda de viajes estaba llena, no podía meter nada más a mi agenda diaria ni con un calzador y un pomo de grasa. Fue cuando hice un asombroso descubrimiento. Los únicos lugares en los que mi influencia y productividad estaban creciendo eran aquellos en donde había identificado líderes potenciales y los había ayudado a crecer.

Mi intención al crear líderes había sido ayudarlos a que mejoraran, pero descubrí que también me había beneficiado; invertir tiempo con ellos había sido como invertir dinero: habían crecido y al mismo tiempo yo había cosechado increíbles beneficios. Fue cuando me di cuenta que si quería llegar al siguiente nivel, tenía que expandirme por medio de otros. Encontraría líderes y vertería mi vida en ellos, haciendo lo más que pudiera para llevarlos a un nuevo nivel, y al mismo tiempo que ellos crecieran yo lo haría.

ENCONTRAR A LAS PERSONAS
ADECUADAS PARA EL VIAJE

Con el paso de los años he disminuido lo que busco en un líder potencial, del que quiero ser mentor, a sólo diez cosas y quiero compartirlas con usted. Aquí están por orden de importancia. La gente de la cual quiero ser mentor...

1. HACE QUE LAS COSAS SUCEDAN

El millonario filántropo Andrew Carnegie dijo: «Entre más envejezco, menos atención pongo a lo que la gente dice. Sólo observo lo que hace». Lo considero como un consejo. Y mientras he observado lo que hace, he descubierto que las personas que quiero conmigo son aquellas que hacen que las cosas sucedan. Ellos descubren recursos en lugares que usted creía que estaban áridos. Encuentran prospectos en donde creía que no había. Crean oportunidades en donde creía que no las había. Hacen que algo común sea excepcional, nunca ponen excusas; siempre encuentran la manera para que las cosas pasen.

Hace aproximadamente veinte años vi un artículo en una revista y lo recorté, ya que es un gran ejemplo de cómo alguien con un gran potencial realmente sabe como hacer que las cosas sucedan. Se llamaba «Benda no escriva». Decía que un vendedor recién contratado, escribió su primer reporte de ventas a la oficina central después de haber trabajado en su área la primera semana. Impactó al gerente de ventas ya que de repente se dio cuenta de que había contratado a un analfabeta. Esto es lo que el reporte decía: «fui con esas jentes que nunca compran nada de nosotros y les bendi un resto de cosas y ora me boi a nueba llorc».

El gerente se asustó, pero antes de que se pudiera comunicar con el vendedor para despedirlo, recibió un segundo reporte. Decía: «Con solo estar dos dias ya les bendi medio miyon».

Para entonces el gerente estaba muy confundido, no podía tener a un vendedor analfabeta, pero tampoco podía despedir a alguien que había vendido más que cualquier otro del personal de ventas. Así que hizo lo que cualquier gerente de mando intermedio haría: dejó el problema en manos del presidente de la compañía.

A la siguiente mañana todos en el departamento de ventas estaban sorprendidos de ver las dos cartas del vendedor en el tablero con el siguiente mensaje del presidente: «Emos pasado mucho tiempo escriviendo vien enbes destar bendiendo, tratemos de elebar nuestras bentas. Lea estas dos cartas de nuestro mejor bendedor. El aze un buen trabajo y ustedes deverian aserlo como el».

Incluso en las peores circunstancias (o con las peores

discapacidades), la gente con potencial hace que las cosas sucedan. El doctor George W. Crane comentó: «No hay futuro en cualquier empleo. El futuro está en la persona que tiene el empleo». Si quiere llegar lejos en el viaje al éxito, únase a personas que sepan lo que hacen para que las cosas se cumplan.

2. VE Y APROVECHA LAS OPORTUNIDADES

Mucha gente es capaz de aprovechar las oportunidades en cuanto se le presentan. Pero verlas venir es otra cosa porque rara vez están etiquetadas, es por eso que tiene que aprender a reconocerlas y aprovecharlas.

Es mejor ser mentor de las personas que no se sientan a esperar a que las oportunidades se presenten, de quienes asumen como su responsabilidad ir a buscarlas. Es similar a las dos maneras en las que usted puede ir a recoger a alguien que no conoce al aeropuerto. Una es hacer un letrero con el nombre de la persona a la que espera, pararse a un lado del área en la que se recoge el equipaje, levantar el letrero y esperar a que ella lo encuentre. Si lo ve será bueno, si no, sigue esperando. La otra manera es averiguar cómo es la persona, ubicarse estratégicamente en la puerta adecuada y buscarla hasta encontrarla. Hay un mundo de diferencia entre los dos enfoques.

Ellen Metcalf dijo: «Me gustaría enmendar la idea de

estar en el lugar indicado a la hora indicada. Hay muchas personas que estuvieron en el lugar indicado a la hora indicada pero no lo supieron. Tiene que reconocer cuando el lugar indicado y el momento indicado se presentan y aprovechar la oportunidad. Hay muchas oportunidades allá afuera. No se puede sentar a esperarlas». Los líderes con buen potencial lo saben y tampoco se confían de su suerte. Según Walter P. Chrysler, fundador de la compañía de automóviles que lleva su apellido: «La razón por la que mucha gente no consigue nada en su vida es porque cuando una oportunidad toca a su puerta, ellos están en su jardín buscando un trébol de cuatro hojas».

Pregúntese ¿quién de las personas a su alrededor siempre parece reconocer las oportunidades y se aferra a ellas? Las personas con estas cualidades son con las que probablemente querrá pasar tiempo sirviéndoles de mentor.

3. INFLUYE EN LOS DEMÁS

Todo surge o se desploma por el liderazgo. Eso es verdad ya que la habilidad de la persona para hacer que las cosas sucedan en, y por medio de otros, depende completamente de su habilidad para guiarlas. Sin liderazgo no hay trabajo en equipo y las personas van por su propio camino. Si su sueño es grande y requerirá de trabajo en equipo de un grupo de personas, entonces cualquier líder potencial que seleccione para ir con usted en su viaje deberá tener influencia. Después de todo, eso es lo que es el liderazgo: influencia. Y cuando usted piensa en ella, todos los líderes tienen dos cosas en común: van a alguna parte y son capaces de persuadir a otros para que vayan con ellos.

Mientras ve a las personas a su alrededor, considere lo siguiente:

- ¿Quién los influencia? Se puede saber mucho acerca de a quién van a influenciar y cómo van a hacerlo sabiendo quiénes son sus héroes y mentores.
- ¿A quién van a influenciar? Será capaz de juzgar su nivel actual de efectividad para el liderazgo por quienes influencian.
- Su influencia, ¿crece o disminuye? Puede distinguir cuando una persona es un líder del pasado o un líder potencial examinando en qué nivel de influencia va.

Para ser un buen juez de líderes potenciales, no sólo vea a la persona, vea a todas las personas a las que influencia. Entre mejor influencie, mejor es su potencial de liderazgo y su habilidad para hacer que otros trabajen juntos.

4. Añade valor

Todas las personas a su alrededor tienen un efecto en

usted y su habilidad para cumplir su visión. Probablemente lo habrá notado con anterioridad. Algunas parecieran dificultarle las cosas, siempre tomando más de lo que dan a cambio; otras le añaden valor, mejorando todo lo que hace. Cuando van a su lado, se desarrolla sinergia que los lleva a todos a un nuevo nivel.

Con el paso del tiempo muchas personas maravillosas me han añadido valor. Algunas de ellas han hecho su principal meta en la vida en ayudarme, complementan mis debilidades y alientan mis fortalezas; su compañía en el viaje realmente expande mi visión. Solo, tal vez pude haber obtenido algunos éxitos, pero realmente me han hecho mucho mejor de lo que podía haber sido sin ellos. Y como agradecimiento, siempre les he dado lo mejor de mí, he confiado en ellos incondicionalmente, les he dado oportunidades para hacer una diferencia y he añadido valor a sus vidas.

Probablemente hay personas en su vida con las que experimenta sinergia. Inspírelos y llévelos a niveles más altos. ¿Creé qué haya alguien mejor con quien ir en el viaje al éxito? No sólo lo ayudarán a llegar más lejos, sino que también harán el viaje de la vida más divertido.

5. ATRAE A OTROS LÍDERES

Mientras busca líderes potenciales a quienes desarrollar, tiene que saber que realmente hay dos clases de líderes: los que atraen seguidores y aquellos que atraen a otros líderes. Las personas que atraen y hacen equipo sólo con seguidores nunca serán capaces de hacer nada más allá de lo que puedan supervisar personalmente o tocar. Por cada persona con la que interactúan, sólo influencian a una persona, un seguidor. Pero las personas que atraen a líderes influencian a más gente mediante su interacción. Su equipo puede ser increíble, especialmente si los líderes a quienes reclutan también atraen a otros líderes.

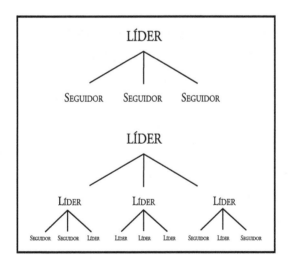

Además del factor obvio de la influencia, hay otras diferencias importantes entre la gente que atrae seguidores y la que atrae líderes. Aquí hay unas:

LÍDERES QUE ATRAEN SEGUIDORES...	LÍDERES QUE ATRAEN LÍDERES...
Necesitan que se les necesite.	Quieren ser exitosos.
Quieren reconocimiento.	Se quieren reproducir.
Se enfocan en las debilidades de los demás.	Se enfocan en las fortalezas de otros.
Se quieren aferrar al poder.	Quieren compartir el poder.
Gastan tiempo con otros.	Invierten tiempo en otros.
Son buenos líderes.	Son grandes líderes.
Tienen algo de éxito.	Tienen un éxito increíble.

Conforme busca personas para que se le unan en el viaje hacia el éxito, busque líderes que atraigan a otros. Ellos serán capaces de multiplicar su éxito. Pero también sepa que a la larga, sólo puede guiar a aquellos cuya habilidad de liderazgo es menor o igual a la suya. Para seguir atrayendo a mejores y mejores líderes, tendrá que continuar mejorando su habilidad de liderazgo. De esa manera usted y su equipo seguirán creciendo no sólo en potencial, sino también en efectividad.

6. PREPARA A OTROS

Una cosa es atraer a otras personas hacia usted y dejarlos unirse en su viaje al éxito, y otra es prepararlos con un mapa para la jornada. Las mejores personas siempre dan a los demás más que una invitación, les dan los medios para llegar ahí.

Tome en cuenta esto conforme busca a líderes potenciales: una persona con carisma puede arrastrar sola a otros, aun así no será capaz de persuadirlos para que se unan a ella en la realización de un sueño. Sin embargo, un líder que provee puede otorgar poderes a un ejército de gente exitosa capaz de ir a donde sea y lograr casi todo. Como Harvey Firestone dijo: «Sólo cuando mejoramos a los demás tenemos éxito permanente».

7. Aporta ideas inspiradoras

El autor dramaturgo del siglo diecinueve Víctor Hugo dijo: «No hay nada más poderoso que una idea cuyo tiempo ha llegado». Las ideas son el mejor recurso que podrá tener una persona exitosa, y cuando se rodea de personas creativas, nunca se quedará sin ideas inspiradoras.

Si usted y las personas que están a su alrededor continuamente generan nuevas ideas, todos tienen una mejor oportunidad de alcanzar su potencial. Según Arthur W. Cornwell, autor de *Freeing the Corporate Mind: How to Spur Innovation in Business* [La liberación de la mente corporativa: cómo estimular la innovación en los negocios], el pensamiento creativo es lo que genera ideas. Y entre más entienda cómo generarlas, mejor estará. Él sugiere:

- Las únicas ideas realmente malas son aquellas que mueren sin dejar otras.
- Si quiere buenas ideas, necesita muchas ideas.
- No importa si «no se rompió», lo más seguro es que necesite ser arreglado.
- Las buenas ideas no son más que la restructuración de lo que usted ya sabía.
- Cuando todas sus ideas se juntan, la suma debe representar un gran avance.[1]

Usted es capaz de generar buenas ideas, probablemente más de lo que piensa, pero nunca puede tener demasiadas ideas. Eso sería como decir que tiene demasiado dinero o demasiados recursos cuando está trabajando en un proyecto. Es por ello que haría bien en reunir a gente a su alrededor que lo siga inspirando con sus ideas; y cuando encuentre a alguien con quien tenga química natural, del tipo que inspira a cada uno de ustedes a la grandeza, se dará cuenta de que siempre tendrán más ideas que tiempo para llevarlas a cabo.

8. POSEE ACTITUDES EXTRAORDINARIAMENTE POSITIVAS

Una buena actitud es importante para el éxito. Generalmente determina qué tan lejos será capaz de llegar; pero no subestime tampoco la importancia de una actitud positiva en las personas que lo rodean. Cuando viaja con otros, sólo puede ir tan rápido como la persona más lenta y tan lejos como el más débil puede viajar. Tener personas a su alrededor con actitudes negativas, es como correr en un maratón con peso extra en su tobillo, puede que sea capaz de correr por un tiempo, pero se va a cansar rápido y definitivamente no será capaz de correr tan lejos como quisiera.

9. Está a la altura de sus compromisos

Se ha dicho que otra manera de llamar al éxito es compromiso, y es realmente cierto. El periodista Walter Cronkite declaró: «No me puedo imaginar a una persona volviéndose exitosa si no le entrega a este juego de la vida todo lo que tiene».

El compromiso lleva a la persona a un nuevo nivel cuando se trata de éxito. Vea las ventajas del compromiso como las describe el orador motivador Joe Griffith:

No puede privar a una persona comprometida de alcanzar el éxito. Ponga obstáculos en su camino y los tomará como escalones para avanzar y los usará para llegar a la grandeza. Quítele su dinero y usará su pobreza para crecer. La persona que tiene éxito tiene un programa; prepara su recorrido y se adhiere a él; hace sus planes y los lleva a cabo; va directo a su objetivo. No se tambalea cada vez que una dificultad se cruza en su camino; si no puede pasarla por encima, pasa a través de ella.[2]

Cuando las personas de su equipo comparten su nivel de compromiso, el éxito es inevitable. El compromiso lo ayuda a vencer obstáculos y continuar avanzando en el viaje hacia el éxito sin importar qué tan difícil se torne el camino. Es la clave del éxito en cualquier aspecto de la vida: matrimonio, negocios, crecimiento personal, pasatiempos, deportes, lo que se le ocurra. El compromiso puede llevarle muy lejos.

10. TIENE LEALTAD

La última cualidad que debe buscar en las personas que se unirán a su viaje es la lealtad. Aunque esto solo no asegura el éxito en otra persona, la falta de lealtad seguramente arruinará su relación con ella. Piénselo de esta manera: cuando usted busca a líderes potenciales, si alguien a quien está considerando le falta lealtad, está descalificado. Ni siquiera trate de ayudarlo a crecer ya que al final él lo lastimará en lugar de ayudarlo.

¿Qué significa que los demás le sean leales?

- *Lo aman incondicionalmente.* Lo aceptan con sus fortalezas y debilidades intactas. Usted realmente les importa, no sólo por lo que puede hacer por ellos. No están tratando de convertirlo en alguien que no es, ni de ponerlo en un pedestal.

- *Hablan bien de usted ante los demás.* La gente leal siempre lo describe ante otros de una manera positiva. Podrían reprenderlo en privado o hacerlo responsable, pero nunca lo criticarán ante otras personas.

- *Son capaces de reír y llorar con usted mientras viajan juntos.* La gente leal está dispuesta a compartir alegrías y penas. Hacen el viaje menos solitario.

- *Le hacen soñar lo que ellos sueñan.* Algunos, sin dudar, compartirán el viaje con usted sólo por poco tiempo. Se ayudan mutuamente y después se van por caminos separados. Pero pocas personas especiales querrán permanecer a su lado y ayudarlo durante todo el viaje, esos individuos hacen que su sueño también sea el de ellos. Serán leales hasta la muerte y cuando combinan esa lealtad con otros talentos y habilidades, pueden ser algunos de sus más valiosos recursos. Si encuentra a gente así, cuídela mucho.

Lo curioso de la lealtad es que entre más exitoso se vuelve, más se hace un problema.

TRANSMÍTALO

He sido muy exitoso mientras he viajado por la vida; no sólo tuve a personas maravillosas que han estado a mi lado y han realizado el viaje conmigo, sino que también otros me han llevado cuando no podía hacerlo solo. Y de eso se trata la vida, de personas que ayudan y les añaden valor a los demás.

Mientras elige a las personas a quienes servirá como mentor, enfóquese en las que no sólo aprovecharán al máximo lo que usted les da y lo ayudarán; elija a quienes lo transmitirán a otros. Ser mentor significa compartir.

4

¿CÓMO PUEDO PREPARARLOS
PARA EL ÉXITO?

Como mentor, vea a cada persona como un «10»

Quiero hacerle una pregunta: ¿quién ha sido su maestro favorito? Piense en todos sus años de escuela, desde el jardín de niños hasta su último grado de estudios, ¿quién es? ¿Hay algún maestro que haya cambiado su vida? La mayoría tenemos uno, de hecho, el mío era un maestro de la escuela dominical llamado Glen Leatherwood. ¿Quién fue el suyo?

¿Qué era lo que lo hacía diferente a los demás? ¿Era la materia, la técnica de enseñanza? Aunque su maestro haya tenido mucho conocimiento y dominara la técnica de manera admirable, podría apostar que lo que lo distinguía de los demás era la manera en que creía en usted. Probablemente ese maestro lo vio como su «10», porque el que lo intimida y le dice qué tan ignorante e indisciplinado es, no es el que lo inspira a aprender y crecer; es aquel que piensa que usted es maravilloso y se lo dice.

Ahora me gustaría que pensara en su vida laboral y los

líderes para los que ha trabajado durante años. Mientras piensa en ellos, hágase las siguientes preguntas:

- ¿Quién obtiene mi mejor esfuerzo, el líder que cree que soy un 10 o el que cree que soy un 2?
- ¿Con quién disfruto trabajar más? ¿Con el líder que cree que soy un 10 o con el que cree que soy un 2?
- ¿A quién se me facilita acercarme, al líder que cree que soy un 10 ó al que cree que soy un 2?
- ¿Quién espera lo mejor de mí? ¿El líder que cree que soy un 10 o el que cree que soy un 2?
- ¿De quién voy a aprender más? ¿Del líder que cree que soy un 10 o del que cree que soy un 2?

Los líderes mentores obtienen más de la gente ya que piensan mejor de ella. Los respetan, los valoran y como resultado, la gente los quiere seguir. La actitud positiva eficiente que tienen hacia el liderazgo crea un ambiente laboral positivo, en donde cada persona del equipo tiene un lugar y propósito, en donde todos comparten al ganar.

Para algunos líderes, esto es fácil y natural, especialmente si tienen personalidades positivas. Creo que las personas que fueron motivadas y valoradas cuando eran niños fortalecen a los demás casi instintivamente; sin embargo, es una habilidad que puede ser aprendida por cualquiera y es una necesidad para quien quiera convertirse en una persona exitosa.

CÓMO TRATAR A LOS DEMÁS COMO UN «10»

Si realmente quiere brillar en esa área, siga las siguientes sugerencias cuando trabaje con su gente.

1. VÉALOS COMO EN QUIÉNES SE PUEDEN CONVERTIR

El autor Bennett Cerf escribió que J. William Stanton, quien sirvió muchos años como diputado del estado Ohio ante el Congreso de Estados Unidos, atesoró una carta que recibió de la Cámara de Comercio de Pensilvania, Ohio, fechada en 1949. La carta era la negativa a la oferta de Staton de tener a un nuevo miembro del Congreso como orador de una cena para recaudar fondos; la misiva decía: «Creemos que este año necesitamos a un orador renombrado que ejerza una gran atracción, así que esperamos contar con la colaboración del entrenador principal de fútbol en la Universidad John Carroll. De todas maneras, gracias por sugerir al diputado John F. Kennedy».[1] ¿Tiene idea de quién pudo haber sido ese entrenador? Definitivamente yo no.

¿Tiene a algún potencial JFK entre los suyos, o a un Jack Welch, o a una Madre Teresa? Es fácil reconocer un buen liderazgo y buen talento una vez que las personas ya han florecido, ¿pero qué tal antes de que se vuelvan quienes son?

Busque el mejor potencial que hay dentro de cada persona a la que guía, cuando lo encuentre, haga todo lo posible por sacarlo. Algunos líderes son tan inseguros que cuando ven a alguien extraordinario en potencia, tratan de reducirlo porque les preocupa que su alto rendimiento los haga verse mal. No obstante, los líderes exitosos se bajan para impulsar a esas personas, saben que las que cuentan con gran potencial de todas maneras serán triunfadoras. El mejor papel que pueden asumir es el de un innovador y animador; de esa manera les añaden valor, y llegan a ser una parte positiva en el proceso de su surgimiento como líderes.

2. «Présteles» su fe en ellos

En 1989, Kevin Myers se mudó de Grand Rapids, Michigan, a Lawrenceville, Georgia, para plantar una iglesia. Kevin era un líder listo y joven cuyo futuro se veía brillante; y la iglesia de la comunidad de Kentwood, quien era su patrocinadora, estaba feliz de apoyar sus éxitos.

Kevin hizo lo correcto preparándose para el primer oficio religioso de la iglesia de la comunidad de Crossroads, pasó semanas hablando con las personas de la comunidad, seleccionó una buena ubicación y alistó a sus voluntarios.

Cuando abrió las puertas por primera vez, sus esperanzas se vieron aplastadas ya que sólo se presentaron alrededor de diecinueve personas, un tercio de lo que esperaba. Fue una gran desilusión, ya que Kevin había sido parte del personal en una iglesia en crecimiento, grande y dinámica; guiar a una pequeña congregación no lo satisfacía completamente. No obstante, estaba determinado a perseverar imaginándose que en un año o dos cruzaría la montaña y construiría el tipo de iglesia que se ajustara a su visión.

Después de tres años de lucha y poco crecimiento, Kevin estaba listo para rendirse. Viajó a Michigan para encontrarse con Wayne Schmidt, su antiguo jefe en Kentwood y patrocinador original de la iglesia que intentó plantar, sintiéndose un fracasado. Kevin le dijo a Wayne que necesitaba un trabajo, ya que tenía planeado cerrar la iglesia de Georgia. La respuesta de Wayne cambio la vida de Kevin. Él dijo: «Kevin, si has perdido la fe, te presto la mía».

Sin estar seguro de su futuro, pero agradecido con Wayne por la fe que le tenía, Kevin regresó a Georgia y no se dio por vencido. Lentamente incrementó su liderazgo y también su congregación. Mientras yo escribo esto, Kevin guía a 3,400 personas cada semana, lo que coloca a su congregación entre el uno por ciento de mayor importancia en Estados Unidos.

Cuando la gente a la que guía no cree en sí misma,

usted la puede ayudar a creer en ella misma, como Wayne lo hizo con Kevin. Véalo como un préstamo, algo que da libremente pero que después regresará con dividendos cuando la persona tenga éxito.

3. Atrápelos haciendo algo bueno

Si desea ver a todos como un «10» y ayudarlos a creer en ellos mismos, necesita animarlos, atraparlos haciendo algo bueno. Y eso es algo contracultural. Toda nuestra vida nos han entrenado para atrapar a las personas haciendo algo malo; si nuestros padres o maestros nos atraparon haciendo algo, puede apostar que fue algo malo. Por eso tendemos a pensar de la misma manera.

Cuando se enfoca en lo negativo y atrapa a las personas haciendo algo malo, verdaderamente no tiene poder para ayudarles a mejorar. Cuando descubre a las personas haciendo algo malo, se ponen a la defensiva, ponen excusas, lo evaden. Por otra parte, si atrapa a las personas haciendo algo bueno, esto les da un refuerzo positivo, los ayuda a sacar provecho de su potencial. Los hace querer hacerlo mejor.

Haga parte de su agenda diaria tratar de que las cosas salgan bien. No tienen que ser cosas grandes, aunque desde luego también quiere elogiar esas cosas. Puede ser cualquier cosa, siempre y cuando sea sincero en sus elogios.

4. CREA LO MEJOR, DÉLES A LOS DEMÁS EL BENEFICIO DE LA DUDA

Cuando nos examinamos, nos damos naturalmente el beneficio de la duda. ¿Por qué? Porque nos vemos a la luz de nuestras intenciones. Por otra parte, cuando vemos a los demás, generalmente los juzgamos por sus acciones. Piense cuánto más positiva sería nuestra intención con otros si creyésemos lo mejor de ellos y les diésemos el beneficio de la duda, tal como lo hacemos con nosotros.

Mucha gente es renuente a tomar esta actitud porque temen que los vayan a considerar ingenuos o se aprovecharan de ellos. La verdad es que las personas confiadas no son más débiles que las personas desconfiadas, de hecho son más fuertes. Como evidencia, ofrezco las siguientes falacias de la confianza y los hechos que las refutan investigadas por el profesor de sociología Morton Hunt.

Falacia: Las personas más confiadas son más crédulas.

Hecho: Es más probable que las personas desconfiadas sean engañadas más que las confiadas.

Falacia: La personas confiadas son menos perceptivas que las desconfiadas de lo que los demás sienten realmente.

Hecho: En realidad las personas confiadas perciben mejor a las personas.

Falacia: Las personas que opinan mal de ellas mismas son más confiables que las que tienen una buena opinión de sí.

Hecho: Lo contrario es verdadero. Las personas con alta autoestima son más dadas a tomar riesgos emocionales.

Falacia: La gente tonta es confiada; la gente lista es desconfiada.

Hecho: La gente con gran aptitud o nivel académico no es más desconfiada o escéptica que las personas juzgadas de ser menos inteligentes.

Falacia: Las personas confiadas dejan que otros dirijan su vida por ellos. Las personas desconfiadas, confían en sí mismas.

Hecho: Lo contrario es verdadero. La gente que se siente controlada por otras personas y fuerzas son menos confiadas, mientras que las que se sienten a cargo son más confiadas.

Falacia: Las personas confiadas no son más dignas de confianza que las personas desconfiadas.

Hecho: Las personas desconfiadas son menos dignas de confianza. Las investigaciones validan lo que los antiguos griegos solían decir: «Se debe de confiar menos en aquel que es más desconfiado».[2]

No me refiero a que usted deba comportarse como avestruz y meter la cabeza en la arena. Lo único que sugiero es que dé a los demás la misma consideración que se da a sí mismo. No es mucho pedir y los dividendos que se le pagarán en relación serán enormes.

5. DÉSE CUENTA DE QUE EL «10» TIENE MUCHOS SIGNIFICADOS

¿Qué significa ser un «10»? Al inicio de este capítulo, cuando le sugerí que viera a todos como un «10», ¿vino a su mente la imagen de un «10»? ¿Empezó inmediatamente a comparar a la gente que trabaja para usted con esa imagen y descubrió que estaban muy abajo? No me sorprendería que fuera el caso, ya que la mayoría de nosotros tenemos una imagen muy escasa de lo que un «10» constituye.

Cuando se trata de mejorar habilidades, creo que la mayoría de la gente no mejora su habilidad más de dos puntos en una escala del 1 al 10. Entonces, por ejemplo, si sacó un 4 en matemáticas, no importa qué tan duro trabaje, probablemente nunca sacará más de 6. Pero hay buenas noticias. Todas las personas son excepcionales en algo y un «10» no siempre se ve de la misma manera.

En su libro *Ahora, descubra sus fortalezas* (Editorial Norma, 2001), Marcus Buckingham y Donald O. Clifton identificaron treinta y cuatro áreas de fortalezas que creen que la gente presenta, cualquier cosa desde responsabilidad hasta la capacidad de persuadir a otros. Los autores afirman que cualquiera tiene al menos una habilidad que puede hacer mejor que las otras diez mil. Lo que quiere decir que cualquiera puede ser un diez en algún área. Siempre se puede enfocar en ella cuando alienta a uno de sus trabajadores.

Digamos que contrata a alguien que no tiene ninguna habilidad de 10, o que pueda aumentar a 10. ¿Quiere decir que lo considera sin esperanzas? No. Verá, hay otras áreas no calificadas en las que una persona puede obtener 10 sin importar su punto de partida, áreas como actitud, deseo, disciplina y perseverancia. Si no ve un 10 potencial en ningún otro lugar, búsquelo ahí.

6. Coloque a la gente en sus áreas de fortaleza

Si está en sus manos, ayude a las personas a encontrar el mejor lugar en sus carreras. Mientras piensa en las personas de las que será mentor, trate de hacer lo siguiente para cada uno:

- *Descubrir sus verdaderas fortalezas.* La mayoría de la gente no descubre sus fortalezas por sí misma.

Seguido se hunden en la rutina viviendo el día a día y manteniéndose sencillamente ocupados. Rara vez exploran sus fortalezas o reflexionan en sus éxitos y fracasos. Por eso les es tan importante tener un líder que esté verdaderamente interesado en ellos, que les ayude a reconocer sus fortalezas.

Hay muchos instrumentos útiles disponibles que puede utilizar para ayudarles en el proceso del descubrimiento propio, pero generalmente la ayuda más valiosa que puede dar se basará en sus observaciones personales.

- *Darles el trabajo correcto.* Cambiar a alguien del trabajo que odia, al trabajo indicado puede cambiar su vida. Un ejecutivo que entrevisté dijo que cambió a un integrante de su personal a cuatro lugares distintos de la compañía, tratando de encontrar el indicado. Estaba a punto de rendirse, ya que la había ubicado mal muchas veces, pero sabía que tenía buen potencial y era buena para la compañía. Finalmente, después de encontrarle el trabajo adecuado, ¡ella era exitosa!

  Tratar de colocar a la persona indicada en el trabajo indicado puede tomar mucho tiempo y energía. Afrontémoslo. ¿No es más fácil para un líder ubicar solamente a la gente en donde es más conveniente y seguir con el trabajo? Una vez más, esta es un área en donde el deseo de acción de los líderes trabaja en contra de ellos. Luche contra su tendencia natural de tomar una decisión y seguir adelante. No tema cambiar a la gente si no está respondiendo de la manera en que cree que podría.

- *Identificar las destrezas que van a necesitar y darles un entrenamiento de primerísima clase.* Todo trabajo requiere un conjunto de habilidades particulares que los empleados deben tener para ser verdaderamente exitosos, incluso alguien con grandes fortalezas personales y con grandes capacidades no estará trabajando realmente en su área de fortaleza si no tiene estas destrezas. Como líder mentor, su trabajo es asegurarse de que su gente adquiera lo que necesita para ganar.

En el libro *Las 17 leyes incuestionables del trabajo en equipo,* la Ley de la Especialización dice: «Cada jugador tiene un lugar donde dar lo mejor de sí». Dondequiera que sea ese lugar, determina el papel que la persona debe asumir en su equipo, y eso realmente hace la diferencia. Cuando los líderes lo entienden, el equipo al que guían se desempeña en un nivel increíble y se refleja positivamente en ellos. No creo que sea una exageración decir que el éxito de un líder se determina más por poner a las personas en sus zonas de fortaleza, que por cualquier otra cosa.

7. DÉLES UN TRATO DE «10»

La mayoría de los líderes tratan a las personas de acuerdo con el número en que los consideran. Si los empleados se desempeñan a un nivel medio, digamos que como un 5, entonces el jefe los trata como a un «5». Pero creo que los individuos siempre merecen lo mejor de sus líderes, incluso cuando ellos no lo estén dando; lo digo porque creo que cada persona tiene valor como ser humano y merece que se le trate con respeto y dignidad. Eso no quiere decir que recompense el mal desempeño, sólo significa que trate bien a las personas y haga lo correcto por ellas, aunque no hagan lo mismo por usted.

He observado que la gente generalmente aumenta las expectativas del líder, si este le agrada. Si ha construido relaciones sólidas con sus empleados y realmente les agrada y lo respetan, trabajarán duro y darán su mejor esfuerzo.

PREPARE SIEMPRE A LAS PERSONAS PARA EL ÉXITO

He aprendido muchas cosas del liderazgo de muchos líderes durante años, pero al que aún admiro más es a mi padre, Melvin Maxwell. En diciembre de 2004 visité a mis padres en el área de Orlando; mientras me encontraba ahí, tenía programado participar en una conferencia vía telefónica. Mi padre gentilmente me dejó usar su oficina, ya que necesitaba un lugar tranquilo para hacerla.

Cuando me senté en el escritorio, vi una tarjeta a un lado del teléfono con las siguientes palabras escritas con su letra:

#1 Fortalezca a las personas mediante el estímulo.

#2 Déles crédito a las personas mediante el reconocimiento.

#3 Déles reconocimiento a las personas por medio de su gratitud.

En ese instante supe por qué estaba ahí. Mi padre lo había escrito para recordar cómo tenía que tratar a las personas cuando les hablaba por teléfono. Y en ese momento me acordé que mi papá, más que nadie, me enseñó a ver a todos como un «10».

Comience a ver y guiar a las personas como pueden ser, no como son y se sorprenderá de cómo le responden. No sólo su relación con ellos mejorará y su productividad se incrementará, sino que también los ayudará a alcanzar su potencial y a convertirse en quienes fueron creados para ser.

5

¿Cómo los ayudo a realizar un mejor trabajo?

Como mentor, prepare a las personas para un éxito profesional.

A estas alturas ya sabe cómo identificar a los líderes potenciales, cómo desarrollar relaciones con ellos, cómo construir un ambiente en el que crezcan, y animarlos. Es tiempo de ver específicamente cómo prepararlos para el liderazgo en su trabajo; a ese proceso de preparación se le llama capacitar.

Recuerde que todas las relaciones buenas como mentor comienzan con una relación personal. Conforme su gente lo conoce y usted le agrada, aumentará su deseo de seguirlo y aprender más por medio de usted; si no les agrada no querrán aprender de usted y el proceso de capacitación disminuirá o incluso parará.

PREPARAR PARA LA EXCELENCIA

Una vez que ha llegado a conocer a la persona a quien decidió servir como mentor, es tiempo de empezar el proceso de capacitación. Así es como se debe de proseguir:

COMPARTA SU SUEÑO

Compartir su sueño les ayuda a las personas a conocerlo y saber a dónde va. No hay mejor manera de demostrarles su corazón y su motivación. Woodrow Wilson una vez dijo:

> Crecemos por medio de sueños. Todas las personas grandiosas son soñadoras. Ven cosas en la suave neblina de un día de primavera o en el fuego rojo de una larga tarde de invierno. Algunos de nosotros dejamos morir esos grandes sueños, pero otros los alimentan y protegen; los nutren durante los días malos hasta que los traen a la luz del sol y a la luz que siempre viene a aquellos que tienen la sincera esperanza de que sus sueños se cumplirán.

Con frecuencia me pregunto: «¿La persona hace al sueño o el sueño hace a la persona?» Mi conclusión es que las dos cosas son verdad. Todos los buenos líderes tienen un sueño. Todos los grandes líderes comparten su sueño con otros que puedan ayudarlos a cumplirlo. Como Florence Littauer sugirió, debemos:

Atrevernos a soñar: Tenga el deseo de hacer algo que sea más grande que usted.

Prepare el sueño: Haga su tarea; esté listo cuando llegue la oportunidad.

Lleve a cabo el sueño: Hágalo.

Comparta el sueño: Haga a otros parte del sueño, y se volverá mejor de lo que había esperado.

PIDA COMPROMISO

En el libro *El manager al minuto*, Ken Blanchard dice: «Hay una diferencia entre el interés y el compromiso. Cuando está interesado en hacer algo, lo hace sólo cuando le es conveniente. Cuando está comprometido con algo, no acepta excusas». No capacite a personas que solamente están interesadas, capacite a las que están comprometidas.

El compromiso es una cualidad por encima de todas las demás que le permite a un líder potencial convertirse en un líder exitoso. Sin compromiso, no puede haber éxito. El entrenador de fútbol americano Lou Holtz, reconocía la diferencia entre sólo estar involucrado y estar verdaderamente comprometido. Señaló: «El piloto kamikaze que había sido capaz de realizar cincuenta misiones estaba involucrado, pero nunca comprometido».

Para determinar si su gente está comprometida, primero debe asegurarse que sepan lo que les costará ser líderes; lo que significa que debe estar seguro de no abaratar el trabajo, dígales lo que va a costar. Sólo entonces sabrán a qué están comprometidos. Si no se comprometen, no siga con el proceso de capacitación. No desperdicie su tiempo.

ESTABLEZCA METAS PARA CRECER

La gente necesita que le ponga objetivos claros si va a lograr cualquier cosa de valor. El éxito nunca aparece instantáneamente. Viene al tomar varios pasos cortos; un conjunto de metas se vuelve un mapa que un líder potencial puede seguir para crecer. Como Shad Helmstetter plantea en *You Can Excel in Times of Change* [Puede sobresalir en tiempos de cambio]: «Es la meta la que le da forma al plan; es el plan el que pone la acción; es la acción la que logra el resultado y es el resultado el que trae el éxito. Y todo empieza con la simple palabra *meta*». Nosotros, al preparar líderes debemos enseñarle a nuestra gente a poner y lograr metas.

La actriz y cómica Lily Tomlin una vez dijo: «Siempre quise ser alguien, pero debí de haber sido más específica». Hoy en día mucha gente se encuentra en la misma situación, tiene una vaga idea de lo que es el éxito y sabe que lo quiere conseguir, pero no ha elaborado ningún plan para llegar allí. He descubierto que las personas que desarrollan al máximo su potencial son aquellas que se ponen metas a sí mismas y después trabajan mucho para lograrlas. Lo que *obtienen* al alcanzar sus metas no es tan importante como aquello en lo que se *convierten* al lograrlas.

Cuando le ayude a su gente a ponerse metas, use las siguientes pautas:

Haga las metas apropiadas. Siempre tenga en mente el trabajo que quiere que las personas hagan y el resultado deseado: el desarrollo de sus líderes para convertirse en líderes efectivos. Identifique las metas que contribuirán a esa meta mayor.

Haga que las metas sean alcanzables. Nada hará que las personas se rindan más rápido que ponerles metas imposibles. Me agrada lo que dijo Ian MacGregor, antiguo presidente del Consejo de Administración de la compañía AMAX: «Trabaje con el mismo principio de la gente que entrena caballos. Empiece con rejas no muy altas, objetivos fáciles de alcanzar y llévelos a cabo. Cuando se dirige es importante nunca pedirle a la gente que trate de alcanzar metas que no puede aceptar».

Haga que sus metas se puedan apreciar. Sus líderes potenciales nunca sabrán cuando hayan alcanzado sus metas si no se pueden evaluar. Cuando se pueden medir, el conocimiento que han sido logradas les dará la sensación de cumplimiento. También les dará la libertad de poner otras nuevas en lugar de las antiguas.

Ponga metas claras. Cuando las metas no están bien enfocadas, tampoco lo estarán las acciones de la gente que trata de alcanzarlas.

Haga que las metas requieran un «estiramiento». Como lo mencioné anteriormente, las metas tienen que ser alcanzables. Por otra parte, cuando no requieren un estiramiento, las personas que las están alcanzando no crecerán. El líder tiene que conocer muy bien a su gente para identificar metas alcanzables que requieran un estiramiento.

Ponga las metas por escrito. Cuando la gente anota sus metas, se hace más responsable de ellas. Un estudio de una generación de graduados de la Universidad de Yale demostró que el pequeño porcentaje de graduados que escribió sus metas logró más que todos los demás graduados, pusieron sus metas en acciones escritas.

También es importante pedirles a sus líderes potenciales que analicen sus metas y las mejoren con frecuencia. Ben Franklin se daba tiempo todos los días para analizar dos preguntas; por la mañana se preguntaba: «¿Qué bien debo de hacer hoy?» Por la tarde se preguntaba: «¿Qué bien he hecho hoy?»

COMUNIQUE LOS FUNDAMENTOS

Para que la gente sea productiva y esté satisfecha profesionalmente, tiene que saber cuáles son sus responsabilidades fundamentales. Suena muy fácil, pero Peter Drucker dijo que uno de los problemas críticos en el lugar de trabajo es que hay una falta de entendimiento entre el empleado y el jefe sobre qué es lo que el empleado debe de hacer. Frecuentemente, a los empleados se le hace sentir que son vagamente responsables de todo, esto los paraliza. En lugar de eso, tenemos que aclararles de *qué son* y de *qué no son* responsables. Entonces serán capaces de enfocar sus esfuerzos en lo que queremos y tendrán éxito.

Vea cómo trabaja un equipo de basquetbol: cada uno de los cinco jugadores tiene un trabajo en particular, hay un ala cuyo trabajo es generar puntos; el otro es el botador, su trabajo es pasar la pelota a alguien que pueda anotar. Otro es un poste de quien se espera obtener rebotes; el trabajo del alero es anotar; el poste tiene que botar la pelota, bloquear tiros y anotar. Cada persona del equipo sabe cuál es su trabajo, cuál debe de ser su pequeña contribución para el grupo. Cuando cada uno se concentra en sus responsabilidades particulares, el equipo puede ganar.

Una de las mejores maneras de aclarar expectativas es describirle el trabajo a la gente. En la descripción, identifique cuatro a seis de las principales funciones que quiera que la persona haga; evite las listas largas de responsabilidades. Si la descripción del trabajo no se puede resumir, probablemente este es muy extenso. También trate de aclarar qué autoridad tienen, los parámetros de trabajo de cada función que tienen que desempeñar y cuál es la cadena de autoridad dentro de la organización.

Finalmente, un líder debe hacerle saber a su gente que su trabajo tiene valor para la organización y para el líder individual. Para el empleado, la mayoría de las veces este es el fundamento más importante de todos.

SIGA LOS CINCO PASOS PARA ENTRENAR A LAS PERSONAS

Parte del proceso de preparación incluye entrenar a la gente para desempeñar las tareas específicas del trabajo que van a realizar. El enfoque que tome el líder para entrenar va a determinar en gran parte el éxito o fracaso de su gente. Si elige un enfoque académico, aburrido, los líderes potenciales recordarán poco de lo que se les enseñó. Si sólo manda a la gente a hacer el trabajo sin ninguna dirección, es muy probable que se sientan abrumados e inseguros sobre qué hacer.

La mejor forma de capacitación es aprovechar la manera en que la gente aprende, los investigadores nos dicen que recordamos el diez por ciento de lo que escuchamos, el cincuenta por ciento de lo que vemos, el setenta por ciento de lo que decimos y el noventa por ciento de lo que escuchamos, vemos, decimos y hacemos. Sabiendo eso tenemos que desarrollar un enfoque de cómo trabajamos. Me he dado cuenta de que el mejor método de capacitación es el proceso de cinco pasos:

Paso 1: Sirvo como modelo. El proceso se inicia conmigo desempeñando las tareas mientras la persona que está siendo entrenada observa; cuando hago esto, trato de darle a la persona una oportunidad de verme avanzar durante todo el proceso. Muchas veces cuando los líderes capacitan, inician a la mitad de la tarea y confunden a la gente a la que están tratando de enseñar. Cuando la gente ve la tarea realizada correctamente y por completo, los ayuda a querer duplicarla.

Paso 2: Soy mentor. Durante el siguiente paso, sigo desempeñando la tarea, pero esta vez la persona a la que estoy capacitando viene a mi lado y me ayuda en el proceso. También me tomo el tiempo para explicar no sólo el *cómo* sino también el *por qué* de cada paso.

Paso 3: Monitoreo. Esta vez cambiamos lugares. La persona que es entrenada hace la tarea, yo la ayudo y corrijo. Es de especial importancia durante esta fase ser positivo y animar a la persona entrenada. Eso la anima a seguir tratando y la hace querer mejorar en lugar de darse por vencida. Trabaje con ella hasta que desarrolle una coherencia. Una vez entendido el proceso, pídale que se lo explique, esto le ayudará a entenderlo y recordarlo.

Paso 4: Motivo. En este punto me considero fuera de la tarea y dejo que siga la persona entrenada. Mi tarea es asegurarme de que sabe cómo hacerlo sin ayuda y seguirle motivando para que continúe mejorando. Es importante que me quede ahí con ella hasta que sienta el éxito; es una buena motivación. Tal vez en esta ocasión la persona entrenada quiera mejorar el proceso, anímela a hacerlo y al mismo tiempo aprenda de ella.

Paso 5: Multiplico. De todo el proceso, esta es mi parte favorita. Una vez que los nuevos líderes hacen bien el trabajo, ahora ellos le deben enseñar a los demás cómo hacerlo. Como saben los maestros, la mejor manera de aprender algo es enseñándolo. Y lo bueno de esto es que me libera para hacer otras tareas importantes de desarrollo mientras otros se encargan del entrenamiento.

DÉ LAS «TRES GRANDES»

Todo el entrenamiento del mundo tendrá éxito limitado si no deja libre a su gente para hacer el trabajo. Creo que si saco lo mejor de la gente, les doy mi visón, los entreno en lo básico y los dejo ir, tendré un mejor rendimiento de ellos; como el general George S. Patton dijo una vez: «Nunca le diga a las personas cómo hacer las cosas. Dígales qué hacer y lo sorprenderán con su ingeniosidad».

No puede liberar a las personas sin estructura alguna, pero también querrá darles la suficiente libertad para que sean creativas. Una manera de hacerlo es darles las tres grandes: responsabilidad, autoridad y compromiso de rendir cuentas.

Para alguna gente, la más fácil de las tres es la responsabilidad. Todos queremos que las personas a nuestro alrededor sean responsables. Sabemos qué tan importante es. Como el autor y editor, Michael Korda dijo: «El éxito en cualquier escala mayor requiere de usted para que acepte la responsabilidad... En el análisis final, la cualidad que todas las personas exitosas tienen... es la habilidad para asumir la responsabilidad».

Lo que es más difícil para muchos líderes, es permitir que su gente mantenga la responsabilidad después de que les ha sido dada. Los malos directores quieren controlar cualquier detalle del trabajo de su gente, cuando eso pasa los líderes potenciales que trabajan para ellos se frustran y no crecen. En lugar de querer más responsabilidad, se vuelven indiferentes o la evaden por completo; si quiere que su gente tome la responsabilidad realmente, désela.

Con la responsabilidad debe de ir la autoridad. El progreso no se da a menos que las dos sean dadas juntas.

Cuando Winston Churchill, se dirigía a la Cámara de Comunes durante la Segunda Guerra Mundial, dijo: «Soy su sirviente. Tienen el derecho de despedirme cuando quieran. Lo que no tienen derecho a hacer es pedirme que tome la responsabilidad sin el poder de la acción». Cuando la responsabilidad y autoridad están juntas la gente realmente es poderosa.

Hay un aspecto importante de la responsabilidad que necesita ser notado. Cuando les damos autoridad por primera vez a líderes nuevos, en realidad les *estamos dando permiso* para tener autoridad en lugar de *darles la autoridad* en sí misma. La verdadera autoridad se tiene que ganar.

Los líderes deben de ganar autoridad con cada grupo nuevo de gente. Sin embargo, he descubierto que una vez que han ganado autoridad en un nivel en particular, les toma poco tiempo establecer ese nivel de autoridad con otro grupo de personas. Entre más alto sea el nivel de autoridad, más rápido se da.

Una vez que se les ha dado responsabilidad y autoridad a las personas, tienen el poder y la facultad para hacer que las cosas sucedan. Pero también tenemos que estar seguros que estén haciendo que sucedan las cosas correctas. Es cuando se da el compromiso de rendir cuentas. La verdadera responsabilidad por parte de los líderes nuevos incluye el deseo de comprometerse a dar cuentas. Si les otorgamos el ambiente perfecto, nuestra gente no le tendrá miedo a este compromiso. Admitirán sus errores y los verán como parte del proceso de aprendizaje.

La parte que los líderes desempeñan dentro del compromiso de rendir cuentas consiste en tomar el tiempo para revisar el trabajo de los líderes nuevos, ser honestos y hacer una crítica constructiva; es crucial que el líder anime, pero que sea honesto. Se ha dicho que cuando a Harry Truman se le confió la presidencia, después de la muerte del presidente Franklin D. Roosevelt, el presidente de la Cámara de Representantes Sam Rayburn le dio un consejo paternal: «De ahora en adelante tendrás a muchas personas a tu alrededor. Tratarán de poner un muro a tu alrededor y de separarte de cualquier idea, menos de las suyas. Te dirán que eres un gran hombre, pero tú y yo sabemos que no es verdad». Rayburn estaba comprometiendo al presidente Truman a que rindiera cuentas.

SUPERVÍSELOS SISTEMÁTICAMENTE

Creo en actualizar la información con las personas con frecuencia. Me gusta hacerles pequeñas evaluaciones todo el tiempo. Los líderes que esperan para dar retroalimentación hasta las evaluaciones anuales se arriesgan a tener problemas. La gente necesita el estímulo que le estén diciendo que lo está haciendo bien. También necesita escuchar tan pronto como sea posible cuando no lo está haciendo bien. Esto evita muchos problemas en la organización y mejora al líder.

Qué tan seguido superviso a las personas se determina por varios factores:

La importancia de la tarea. Cuando algo es muy importante para el éxito de la organización, lo hago seguido.

Las demandas del trabajo. Creo que si el trabajo es muy demandante, la persona que lo desempeña necesita que la animen más seguido. Puede que necesite que le aclaren sus dudas o necesite ayuda resolviendo problemas difíciles. Ocasionalmente, cuando es muy pesado, les pido a las personas que se tomen un descanso, el trabajo muy demandante puede hacer que la persona se desgaste.

La novedad del trabajo. Algunos líderes no tienen problemas enfrentando una nueva tarea sin importar qué tan diferente sea de un trabajo anterior, a otros les cuesta mucho trabajo adaptarse. Superviso más seguido a las personas que son menos flexibles y creativas.

La novedad del trabajador. Les quiero dar a los líderes nuevos todas las oportunidades posibles para tener éxito, así que superviso a la gente nueva más seguido. De esa manera los puedo ayudar a anticipar problemas y puedo asegurarme de que tengan una serie de éxitos ya que así obtienen confianza.

La responsabilidad del trabajador. Cuando sé que le

puedo dar a una persona una tarea y siempre la hará, puede que no la supervise hasta que la tarea éste terminada. Con gente menos responsable no me puedo dar el lujo de hacerlo.

Mi enfoque de supervisar a las personas también varía de una persona a otra. Por ejemplo, los novatos y veteranos deben ser tratados de diferente manera. Pero sin importar que tanto tiempo hayan estado conmigo, hay algunas cosas que siempre hago:

Discuto los sentimientos. Siempre le doy a mi gente una oportunidad de decirme cómo se sienten, también les digo como me siento. Eso desvanece las dudas y confusiones y nos hace posible volver al trabajo.

Mido el progreso. Juntos, tratamos de determinar su progreso. Generalmente hago preguntas para averiguar lo que necesito saber; si la gente está enfrentando obstáculos, quito los que me sean posible.

Doy retroalimentación. Esta es una parte del progreso muy importante, siempre les doy algún tipo de evaluación; soy honesto y hago mi tarea para estar seguro de que estoy en lo correcto. Doy críticas constructivas. Esto les ayuda a saber cómo lo están haciendo, corrige los problemas, fomenta mejoras y hace que el trabajo se haga más rápido.

Doy ánimo. Ya sea que la persona lo esté haciendo bien

o mal, siempre les doy ánimo. Animo a las personas que lo hacen mal a hacerlo mejor; animo a quienes lo hacen muy bien; alabo a los que son realmente sobresalientes. Trato de dar esperanza y ánimo cuando la gente tiene problemas personales. El ánimo ayuda a las personas a seguir.

Realice periódicamente reuniones de preparación

Incluso después de que haya terminado la mayoría de la capacitación de su gente y se esté preparando para llevarla a la siguiente fase de crecimiento, continúe llevando a cabo reuniones periódicas de capacitación. Eso les ayuda a seguir en el camino, les ayuda a seguir creciendo y los anima a empezar a tomar la responsabilidad de prepararse ellos mismos.

Cuando preparo una reunión de capacitación, incluyo lo siguiente:

Buenas noticias. Siempre inicio con una nota positiva. Digo las cosas buenas que están pasando en la organización y pongo mucha más atención en sus áreas de interés y responsabilidad.

Visión. La gente se puede involucrar en sus responsabilidades diarias y perder de vista la visión que tiene la organización. Aproveche una reunión de capacitación para reestructurar esa visión. También les dará el contexto apropiado para la capacitación que está por impartir.

Contenido. El contenido dependerá de sus necesidades. Trate de enfocarse en entrenarlos en las áreas que los ayudarán en las áreas con prioridad «A» y oriente la capacitación a las personas, no a la lección.

Administración. Abarque todos los temas de la organización, eso le da a la gente seguridad y anima su liderazgo.

Otorgamiento de poder. Tómese el tiempo para conectarse con las personas que está preparando, anímelas personalmente y demuéstreles cómo las sesiones de preparación les otorgan poder para realizar mejor su trabajo. Se irán de la reunión sintiéndose de manera positiva y listas para trabajar.

MEJORAR A UN LÍDER MEJORA LA ORGANIZACIÓN

Todo el proceso de preparación toma mucho tiempo y atención, pero su enfoque es de largo alcance, no de corto. Más que crear seguidores o incluso añadir nuevos líderes, multiplica líderes. Como lo expliqué en la sección del proceso de los cinco pasos de preparación, no está completo hasta que la persona que prepara y el nuevo líder elijan a alguien para que el nuevo líder lo entrene. Hasta ese momento es cuando todo el proceso ha completado el círculo. Sin un sucesor no puede haber éxito.

Los líderes que están preparando a otros tienen mejor posibilidad de éxito, sin importar en qué tipo de organización estén. Cuando un líder mentor se dedica al proceso de preparación, todo el nivel de desempeño dentro de la organización aumenta drásticamente. Todos están mejor preparados para hacer el trabajo, más importante aún, la gente mejor preparada estará lista para la última etapa de crecimiento que crea a los mejores líderes, el desarrollo. Como Fred A. Manske, Jr. dijo: «El mejor líder desea entrenar a la gente y ayudarlos a crecer hasta el punto en que ellos lo superen en conocimiento y habilidad».

6

¿Cómo creo el ambiente adecuado?

Los líderes mentores saben que se necesita uno para conocer a uno, mostrar a uno y volverse uno.

Hoy en día muchas organizaciones fracasan en aprovechar su potencial. ¿Por qué? Porque la única recompensa que les dan a sus empleados es su cheque de pago. Las organizaciones exitosas tienen líderes que hacen más que sólo darles su cheque de pago. Ellos crean un ambiente de ánimo que tiene la capacidad de transformar la vida de las personas.

Una vez que haya identificado a los líderes en potencia, tiene que iniciar el proceso de convertirlos en los líderes que pueden llegar a ser. Para hacer esto necesita una estrategia. Recuerdo estas cuatro cosas que las personas necesitan cuando se inician en mi organización, ellos necesitan que yo:

Crea en ellos.

Los anime.

Comparta con ellos.

Confíe en ellos.

Los líderes mentores que siguen esto animan a los demás.

Animar a los demás beneficia a todos. ¿Quién no estaría más seguro y motivado cuando su líder *cree en él, lo anima, comparte con él y confía en él?* La gente es más productiva cuando la motivan. Algo aún más importante, darles ánimo crea cimientos emocionales y profesionales en los trabajadores que tienen potencial de liderazgo; después, usando la preparación y la formación, un líder se puede desarrollar sobre ese fundamento.

El proceso de desarrollar líderes es más que sólo dar ánimo, también incluye dar el ejemplo. De hecho la mayor responsabilidad del líder al animar a los que están a su alrededor es dar el ejemplo de liderazgo, una fuerte ética de trabajo, responsabilidad, carácter, franqueza, consecuencia, comunicación, y creencia en las personas. Como el escritor del siglo XVIII, Oliver Goldsmith una vez dijo: «La gente rara vez mejora cuando no tiene otro modelo que ella misma para copiar». Nosotros los líderes debemos darnos como ejemplos para ser imitados.

Mark Twain una vez bromeó: «Hacer el bien es maravilloso, enseñar a los demás a hacer el bien es más maravilloso... y mucho más fácil». Tengo una conclusión para la idea de Twain: «Guiar a los demás para hacer el bien es maravilloso. Hacer el bien y después guiarlos es más maravilloso... y más difícil»; como Twain, reconozco que la naturaleza humana hace difícil las autodisciplinas de hacer el bien y después enseñar a otros a hacer el bien. Todos pueden encontrar excusas para no darles a los que están a su alrededor. Los grandes líderes conocen las dificultades y de todas maneras animan a su gente, saben que hay quien responderá positivamente a lo que dan y se enfocan en esos resultados positivos.

CREAR UN AMBIENTE DE CRECIMIENTO

Aquí están las cosas que me he dado cuenta que un líder mentor debe hacer para animar a los líderes potenciales que están a su alrededor:

Elija un modelo de liderazgo para usted

Como mentores, usted y yo somos los primeros responsables en encontrar buenos modelos para nosotros mismos; piense cuidadosamente a qué líderes usted seguirá, ya que ellos determinarán su curso. Desarrollé seis preguntas para que se plantee antes de escoger un modelo a seguir:

La vida de mi modelo, ¿es digna de ser seguida?

Esta pregunta se relaciona con la calidad del carácter. Si la respuesta es un sí no muy claro, debo tener mucho cuidado. Me convertiré en la persona a la que siga y no quiero modelos con una personalidad dañada.

La vida de mi modelo, ¿tiene seguidores?

Esta pregunta le da un vistazo a la credibilidad; es posible que sea la primera persona que descubre a un líder al que valga la pena seguirse, pero no sucede muy a menudo. Si la persona no tiene seguidores, puede que no valga la pena seguirla.

Si mi respuesta a cualquiera de las dos primeras preguntas es no, no me tengo que preocupar por las otras cuatro. Necesito buscar a otro modelo.

¿Cuál es la fortaleza principal que influencia a los demás para seguir a mi modelo?

¿Qué es lo que el modelo tiene para ofrecerme?, ¿qué es lo mejor de él? Dese cuenta que los líderes fuertes tienen debilidades como también fortalezas; no quiero, involuntariamente, emular las debilidades.

Mi modelo, ¿produce otros líderes?

La respuesta a esta pregunta me dirá si las prioridades de liderazgo del modelo se parecen a las mías respecto a desarrollar nuevos líderes.

¿Se puede reproducir en mi vida la fortaleza de mi modelo?

Si no puedo reproducir su fortaleza en mi vida, su modelo no me beneficiará. Por ejemplo, si usted admira la habilidad de Shaquille O'Neil como jugador de basquetbol, pero no tiene la estatura ni el peso adecuado no será capaz de reproducir sus fortalezas en la cancha. Encuentre modelos apropiados… no obstante, esfuércese por mejorar. No diga tan rápido que una fortaleza no se puede reproducir. La mayoría lo es. No limite su potencial.

Si la fortaleza de mi modelo se puede reproducir en mi vida, ¿qué pasos debo seguir para desarrollar y demostrar esa fortaleza?

Debe desarrollar un plan de acción. Si sólo contesta las preguntas y no implementa un plan para desarrollar esas fortalezas en usted mismo, sólo estará realizando un ejercicio intelectual.

El modelo que escogemos puede o no ser accesible para nosotros de una manera personal. Algunos pueden ser personajes nacionales, como un presidente, o pueden ser personas de la historia. Seguramente lo pueden beneficiar, pero no de la manera en que un mentor personal puede hacerlo.

Edifique la confianza

He aprendido que la confianza es el hecho más importante para edificar las relaciones personales o profesionales.

Warren Bennis y Burt Nanus llaman a la confianza «el pega-
mento que une a seguidores y líderes». La confianza significa compromiso de rendir cuentas, previsibilidad y fiabili-
dad. Más que cualquier cosa, los seguidores quieren creer y
confiar en sus líderes, quieren ser capaces de decir: «Algún
día quiero ser como él o ella». Si no confían en usted, no lo
pueden decir. La gente debe de creer primero en usted antes
de que sigan su liderazgo.

La confianza debe ser creada día a día, requiere coherencia. Algunas de las maneras en las que un líder puede
traicionar la confianza son: no cumpliendo las promesas,
chismorreando, ocultando información y siendo falso. Estas
acciones destruyen el ambiente de confianza necesario para
el crecimiento de posibles líderes. Y cuando un líder des-
truye la confianza, debe de trabajar doble para ganársela
otra vez. Como el líder cristiano Cheryl Biehl dijo una vez:
«Una de las verdades de la vida es que si no se puede confiar en una persona en todos los aspectos, no se le pude confiar en ninguno».

La gente no seguirá a un líder en el que no confía. Es la
responsabilidad del líder desarrollar activamente esa confianza hacia él de parte de la gente que le rodea. La confianza se construye en muchas cosas:

Tiempo. Tómese el tiempo para escuchar y dar retroalimentación en la ejecución.

Respeto. Respete al líder en potencia y él confiará en usted.

Respeto positivo incondicional. Muestre aceptación de la persona.

Sensibilidad. Anticipe los sentimientos y necesidades del líder potencial.

Tacto. De estímulos: un apretón de manos o una palmada en la espalda.

Una vez que las personas confían en su líder como persona, empiezan a confiar en su liderazgo.

Demuestre transparencia

Todos los líderes cometen errores, eso es simplemente parte de la vida. Los líderes exitosos reconocen sus errores, aprenden de ellos y trabajan para corregirlos. Un estudio de 105 ejecutivos determinó muchas de las características compartidas por ejecutivos exitosos. Un rasgo particular fue identificado como el más valioso: ellos admitieron sus errores y aceptaron las consecuencias en lugar de tratar de culpar a otros.

Vivimos entre gente que trata de hacer responsable a alguien más por sus acciones o circunstancias y que no quiere cosechar las consecuencias de sus acciones. Puede ver esta actitud en todos lados. Los anuncios de televisión, por lo menos en Estados Unidos, nos invitan diariamente a demandar «incluso si usted tuvo la culpa en un accidente» o a «declararse en bancarrota» para evadir a sus acreedores. Un líder que quiere asumir la responsabilidad de sus acciones, ser honesto y transparente con su gente es alguien a quien admirarán, respetarán y en quien confiarán. Es también alguien de quien pueden aprender.

OFREZCA SU TIEMPO

La gente no puede ser animada a distancia o con poca frecuencia y poca atención; necesitan que usted pase tiempo con ellos, tiempo planificado, no sólo unas palabras en el camino a una reunión. Para mí es una prioridad mantenerme en contacto con los líderes que estoy mejorando en mi organización; planeo y realizo sesiones de entrenamiento para mi personal, programo de uno en uno el tiempo para ser mentor y programo reuniones en las que los miembros del equipo puedan compartir información. Con frecuencia llevo a un líder en potencia a desayunar, superviso frecuentemente a mi gente para ver cómo están progresando sus áreas de responsabilidad y la ayudo si es necesario.

Vivimos en un mundo acelerado, exigente, en el que es difícil dar tiempo, y esa es la cosa más preciada de un líder. Peter Drucker escribió: «Tal vez nada distingue más a los eficaces ejecutivos como su delicado y amoroso cuidado del tiempo». El tiempo es valioso, pero el que se ha pasado con un líder potencial es una inversión. Cuando da de sí mismo, eso lo beneficia a usted, a la organización y al que lo recibe.

CREA EN LAS PERSONAS

Cuando cree en las personas, las motiva y libera su potencial. La gente puede intuir cuando una persona verdaderamente cree en ellos. Cualquiera puede ver a las personas tal y como son; se necesita un líder para ver en lo que se pueden convertir, animarles a que crezcan en esa dirección y creer que lo lograrán. La gente siempre crece hasta las expectativas del líder, no debido a sus críticas e interrogatorios, ya que estos simplemente *calculan* el progreso, mas las expectativas lo *fomentan.* Puede contratar a personas que trabajen para usted, pero debe ganarse sus corazones al creer en ellas para que trabajen con usted.

ANIME

Muchos líderes esperan que su gente se anime sin ayuda, pero la mayoría requiere ánimo de otros para propulsarlos hacia delante. Es vital para su crecimiento. El médico George Adams cree que el ánimo es tan vital para la existencia de una persona que lo llama «el oxígeno para el alma».

Se tiene que animar especialmente a los nuevos líderes.

Cuando llegan y se presentan ante una nueva situación, encuentran muchos cambios y los sufren ellos mismos. El ánimo los ayuda a alcanzar su potencial; los faculta, dándoles la energía para continuar cuando cometen errores.

Use muchos refuerzos positivos con su gente. No dé por sentado el trabajo aceptable; agradézcaselo a la gente, elogie a una persona cada vez que vea una mejoría, y personalice su ánimo cada vez que pueda. Recuerde que lo que motiva a una persona puede dejar fría a otra o incluso molesta, descubra qué es lo que funciona con cada una de sus personas y úselo.

El entrenador de basquetbol de la UCLA John Wooden les dijo a los jugadores que metieran una canasta, que sonrieran, guiñaran el ojo o que saludaran con la cabeza al jugador que les diera un buen pase. «¿Pero y si no está viendo?» preguntó un miembro del equipo. Wooden respondió: «les garantizo que lo harán». Todos valoran el ánimo y lo buscan.

Demuestre coherencia

La coherencia es parte crucial al desarrollar a los líderes en potencia. Cuando somos coherentes, nuestra gente aprende a confiar en nosotros. Son capaces de crecer y desarrollarse porque saben qué pueden esperar de nosotros. Pueden responder a la pregunta: «¿Qué haría mi líder en esta situación?» cuando afrontan decisiones difíciles. Se sienten seguros porque saben cuál sería nuestra respuesta, sin importar las circunstancias.

MANTENGA EN ALTO LA ESPERANZA

La esperanza es uno de los mejores regalos que un mentor puede dar a los que están a su alrededor. Su poder nunca debe de subestimarse. Se necesita un buen líder para darle esperanza a la gente cuando no la pueden encontrar dentro de ellos. Winston Churchill reconoció el valor de la esperanza, fue el Primer Ministro de Inglaterra durante algunos de los momentos más obscuros de la Segunda Guerra Mundial; una vez un reportero le preguntó cuál había sido su mejor arma para atacar al régimen nazi de Hitler. Al instante respondió: «Fue la mejor arma que Inglaterra siempre ha tenido, la esperanza».

La gente seguirá trabajando, luchando y tratando si tienen esperanza. La esperanza levanta el ánimo, mejora la imagen de uno mismo, da energía a la gente, eleva sus expectativas. El trabajo de un líder es mantener en alto la esperanza, para inculcarla en las personas a las que guía. Nuestra gente tendrá esperanza únicamente si se la damos, y tendremos esperanza para dar si mantenemos una actitud correcta. Clare Boothe Luce, en el libro *Europe in the Spring* [Europa en primavera], cita que el héroe de la batalla de

Verdún, Marshal Foch dijo: «No hay situaciones desesperadas: sólo hay hombres que se han desesperado con ellas».

AÑADA TRASCENDENCIA

Nadie quiere pasarse el tiempo haciendo un trabajo que no es importante. La gente quiere hacer un trabajo que importe. Los trabajadores dicen seguido cosas como: «Quiero sentir que he tenido éxito, que he cumplido, que cambié algo, quiero la excelencia, quiero que lo que hago sea un trabajo importante, quiero causar un impacto». La gente quiere tener trascendencia.

Es trabajo de los líderes mentores añadirle trascendencia a la vida de la gente a quien guían: una de las maneras en que podemos hacer esto es hacerla parte de algo que valga la pena. Demasiada gente simplemente cae en una posición cómoda en la vida y se queda ahí en lugar de perseguir metas importantes. Los líderes no se pueden dar el lujo de hacer eso, cada líder debe de preguntarse: «¿Quiero supervivencia, éxito o trascendencia?»; los mejores líderes eligen la trascendencia e invierten su tiempo y energía en perseguir sus sueños. Como la antigua directora general del diario *Washington Post,* Katherine Graham dijo: «¿Qué podría ser más divertido que amar lo que hace y sentir que importa?»

Una manera de añadirle trascendencia a la vida de las personas a las que guía es mostrarles el panorama completo y hacerles saber cómo contribuyen en él. Mucha gente se involucra tanto en la tarea del momento que no ven la importancia de lo que hacen.

Un miembro de mi personal, que una vez fue el decano de un colegio vocacional, me contó que un día le estaba enseñando los alrededores a un nuevo empleado; mientras presentaba a cada persona y describía su puesto, la recepcionista lo escuchó decir que el puesto de ella era muy importante, por lo que comentó: «No soy importante. Lo más importante que hago cada día es llenar un reporte».

«Sin usted,» contestó el decano, «esta escuela no existiría. Cada alumno nuevo que entra habla primero con usted, si no les agrada, la escuela no les agradará. Si no les agrada la escuela no se inscribirían y pronto nos quedaríamos sin estudiantes. Tendríamos que cerrar la escuela».

«¡Vaya! Nunca lo había visto de esa manera,» contestó. El decano inmediatamente vio que se le veía más confiada, se sentó derecha detrás de su escritorio y contestó el teléfono. El jefe de su departamento nunca le había explicado la trascendencia de su trabajo, ni su valor para la organización. Al ver el panorama completo, la trascendencia le fue añadida a su vida.

Dé seguridad

Norman Cousins dijo: «La gente es más insegura cuando se obsesiona con sus miedos a expensas de sus sueños». La gente que se enfoca en sus miedos no crece, se paraliza. Los líderes están en posición de proveer a sus seguidores un ambiente seguro en el cual puedan crecer y mejorar. Es más fácil que un líder en potencia se arriesgue, trate de destacar, innove y tenga éxito; los líderes mentores hacen que sus seguidores se sientan más grandes de lo que son. Pronto los seguidores empiezan a pensar, actuar y producir más de lo que son. Finalmente se vuelven lo que creen que son.

Una vez Henry Ford dijo: «Uno de los grandes descubrimientos que el hombre hace, una de sus mayores sorpresas, es descubrir que puede hacer lo que temía no poder». Un líder mentor da la seguridad que un líder potencial necesita para hacer ese descubrimiento.

Recompense la producción

La gente se eleva a nuestros niveles de expectativa. Tratan de darnos lo que recompensamos. Si quiere que su gente produzca entonces recompense la producción.

Thomas J. Watson padre, fundador de IBM, era famoso por cargar una chequera cuando caminaba en las oficinas o plantas; cada vez que veía que alguien hacía un trabajo excepcional le daba un cheque a esa persona. Podían haber sido de $5, $10 o $25. Eran pequeñas cantidades, pero el impacto de su acción era enorme. En muchos casos, la gente no cobraba los cheques, los enmarcaban y colgaban en la pared; encontraban el premio no en el dinero, sino en el reconocimiento personal de su producción. Eso es lo que da la trascendencia y guía a una persona a dar lo mejor de sí.

Debemos dar reconocimiento personal y ánimo a los productores, pero debemos ser cuidadosos de no recompensar al holgazán. Revise muy bien su organización, ¿qué está recompensado?

ESTABLEZCA UN SISTEMA DE APOYO

Desarrolle un sistema de apoyo para los empleados. Nada daña más la moral que pedirle a una persona que haga algo y no darle los recursos para cumplirlo. Creo que todos los líderes potenciales necesitan apoyo en cinco áreas:

Apoyo emocional

Cree una atmósfera de «sí, tú puedes». Aunque el apoyo falte en otras áreas, una persona puede avanzar cuando le dan apoyo emocional. Cuesta muy poco y da un increíble rendimiento.

Entrenamiento de habilidades

Una de las maneras más rápidas para fortalecer a las personas es entrenarlas. Las personas que reciben entrenamiento perciben que la organización cree en ellas. Y son más productivas, ya que tienen más habilidades.

Dinero

Para la gente es difícil dar de sí misma cuando sus líderes y mentores no dan de ellos mismos. Si paga con cacahuates, espere obtener monos. Invierta dinero en la gente; siempre produce el mejor resultado de su inversión.

Equipo

Para hacer bien el trabajo, necesita las herramientas indicadas; muy a menudo un mal líder ve las cosas desde una perspectiva a corto plazo. Invertir en el equipo indicado le dará a su gente el tiempo para ser más productivos y les levantará la moral.

Personal

Si tiene la oportunidad de hacerlo, provea la gente necesaria para hacer el trabajo, y provea a buenas personas. Los problemas del personal pueden consumir el tiempo y la energía de un líder en potencia, dejando poco tiempo para la producción.

Forme un sistema de apoyo para toda la gente a su alrededor. Mejórelo para cualquier individuo sólo mientras crece y se hace exitoso. Me he dado cuenta de que el principio familiar de 80/20 es verdadero, especialmente aquí. El principal veinte por ciento de las personas en la organización ejecutarán el ochenta por ciento de su producción. Por lo tanto, cuando esté estructurando su sistema de apoyo, dé al principal veinte por ciento de los productores un ochenta por ciento del total del apoyo.

NUNCA SUBESTIME EL PODER DE UN GRAN AMBIENTE

Es más fácil para las personas que viven en un ambiente de apoyo y ánimo tener éxito. Tom Geddie, de Central and Southwest Services, da una excelente ilustración de lo que puede pasar en un ambiente en donde todos desean tener éxito: dibuje una línea imaginaria en el piso y ponga a una persona en cada lado. El propósito es hacer que una persona convenza a la otra, sin forzarla, a que cruce la línea. Los estadounidenses nunca se convencen unos a otros, dice Geddie, pero los trabajadores japoneses sí lo logran. Ellos simplemente dicen: «Si cruzas la línea yo también lo haré». Intercambian lugares y ambos ganan.

Reconocen la importancia de la cooperación y la ayuda mutua. Esa ha sido una clave de su éxito en los últimos cincuenta años. También puede serlo para el suyo y para el de los líderes de quien sea mentor.

PARTE III

LLEVAR A LAS PERSONAS MÁS ALTO

7

¿CÓMO AYUDO A LAS PERSONAS A SER MEJORES?

Enfóquese en mejorar a la persona,
no sólo el trabajo que ejecuta.

Cuando capacita a las personas, les enseña cómo hacer un trabajo. El desarrollo es diferente. Cuando usted desarrolla a las personas les está ayudando a mejorar como individuos, les está ayudando a adquirir cualidades personales que los beneficiarán en muchas áreas de la vida, no sólo en sus trabajos. Cuando ayuda a alguien a cultivar la disciplina o una actitud positiva, eso es desarrollo. Cuando le enseña a alguien a dirigir su tiempo más efectivamente o a mejorar sus habilidades para relacionarse con la gente, eso es desarrollo. Cuando enseña liderazgo, eso es desarrollo. Lo que he descubierto es que muchos líderes no tienen un concepto de desarrollo, esperan que sus empleados se encarguen de sus necesidades de desarrollo por sí mismos. Sin embargo, lo que no se dan cuenta es que el desarrollo siempre paga dividendos más altos que los que la preparación, ya que ayuda a la persona en su totalidad y la eleva a un nivel más alto.

DEDÍQUESE A DESARROLLAR A LOS DEMÁS

El desarrollo personal de su gente es una de las cosas más importantes que un líder mentor hará. Aunque desarrollar es más difícil que preparar, bien vale su precio. Esto es lo que debe de saber cuando empieza:

1. VEA EL DESARROLLO COMO UN PROCESO A LARGO PLAZO

Por lo general, la preparación es un proceso bastante rápido y sencillo. La mayoría de la gente puede aprender el mecanismo de su trabajo muy rápido, en cuestión de horas, días o meses, dependiendo del tipo de trabajo. Pero el desarrollo siempre toma tiempo. ¿Por qué?, porque requiere un cambio de parte de la persona que se está desarrollando, y eso no se puede apurar. Como cita el viejo dicho: toma nueve meses producir un bebé, sin importar a cuánta gente ponga a trabajar.

Al enfocar el desarrollo de su gente, véalo como un proceso continuo, no como algo que se pueda hacer una vez y luego ya esté listo. Cuando dirigí la Iglesia Skyline en el área de San Diego, puse como principal prioridad el desarrollo de mi personal. Algo de eso lo hice de manera individualizada; pero también programé tiempo para enseñar a todo el personal cada mes con temas que los ayudarían a crecer como líderes. Es algo que hice constantemente por una década.

Recomiendo que planee desarrollar a las personas que trabajan para usted, haga que sea una actividad programada consecuente y regularmente. Les puede pedir que lean un libro o dos cada mes y discútanlo juntos, les puede enseñar una lección, los puede llevar a conferencias o seminarios; aborde la tarea con su toque propio y único. Pero sepa esto: no puede dar lo que no tiene. Para desarrollar a su personal, debe de seguir creciendo usted.

2. DESCUBRA LOS SUEÑOS Y DESEOS DE CADA PERSONA

Cuando prepara personas, basa lo que hace en sus necesidades o en las de la organización. Les enseña lo que quiere que sepan para que puedan hacer un trabajo para usted. Por otra parte, el desarrollo se basa en las necesidades de ellas. Les da lo que necesitan para que se conviertan en mejores personas. Para hacer bien eso, necesita saber los sueños y deseos que tienen.

Walter Lippmann, fundador de *The New Republic*, dijo: «Si ignora los deseos de un hombre, está ignorando la fuente de su poder». Los sueños son los generadores de energía en su gente. Si tienen gran pasión por sus sueños, tienen mucha energía. Si conoce cuáles son esos sueños y los desarrolla de una manera que se puedan alcanzar, no sólo aprovecha esa energía sino que la alimenta.

Desafortunadamente, a algunos líderes no les gusta ver a los demás alcanzando sus sueños, ya que les recuerda lo lejos que están de vivir los suyos. Como resultado este tipo de líderes tratan de convencerlos de no alcanzarlos y lo hacen usando las mismas excusas y racionalizaciones que se dan ellos mismos.

Si se ha ofendido por los sueños de otros y ha tratado de convencerlos para que no los sigan, entonces necesita reavivar el fuego que tiene por los suyos y empezar a perseguirlos nuevamente. Cuando un líder está aprendiendo, creciendo y persiguiendo sus propios sueños, es más fácil que ayude a los demás a que persigan los suyos.

3. GUÍE A CADA QUIÉN DE DIFERENTE MANERA

Uno de los errores que los líderes novatos cometen es que tratan de guiar a todos de la misma manera; pero afrontémoslo, no todos responden al mismo tipo de liderazgo. Debería tratar de ser consecuente con todos, debería tratar a todos con amabilidad y respeto, sin embargo no espere utilizar las mismas estrategias y métodos con todos.

Tiene que averiguar qué botones de liderazgo necesita

presionar con cada persona por separado en su equipo. Una responderá bien al ser desafiada, otra querrá ser cuidada, una necesitará que le den el plan del juego por escrito, otra se apasionará más si puede crear el plan del juego ella misma. Uno requerirá un seguimiento frecuente y constante, otro querrá que lo dejen solo. Si desea ser una persona exitosa, necesita ser responsable de conformar su estilo de liderazgo a lo que su gente necesita, no esperar que ellos se adapten a usted.

4. USE METAS ORGANIZATIVAS PARA EL DESARROLLO INDIVIDUAL

Si tiene que construir un mecanismo que esté completamente separado del trabajo actual que necesita realizarse con el fin de ayudar a su gente a desarrollarse, probablemente eso lo desgaste y lo frustre. La manera de evitarlo es usando metas organizativas lo más que se pueda para el desarrollo individual de las personas. Es la mejor manera de hacerlo.

- Cuando es malo para la persona y malo para la organización: todos pierden.
- Cuando es bueno para la persona pero malo para la organización: la organización pierde.

- Cuando es malo para la persona pero bueno para la organización: la persona pierde.
- Cuando es bueno para la persona y bueno para la organización: todos ganan.

Sé que esto se puede ver un poco simplista, pero quiero que se dé cuenta de una cosa: el único escenario en donde no hay pérdida es cuando es bueno para la organización y para la persona. Esa es una receta para éxito a largo plazo.

La manera de crear este tipo de ganancia es enlazar tres cosas:

- Una meta: encuentre una necesidad o función dentro de la organización que le traería valor.
- Una fortaleza: encuentre una persona en su equipo con una fortaleza que necesite desarrollarse, que lo ayudará a alcanzar esa meta organizativa.
- Una oportunidad: dé el tiempo, dinero y recursos que la persona necesita para alcanzar la meta.

Entre más seguido pueda crear alineaciones como estas, más seguido creará ganancias para todos: la organización, la persona a desarrollar y usted.

5. AYÚDELOS A CONOCERSE A SÍ MISMOS

Siempre manejo el principio básico de que las personas no se conocen a sí mismas. Una persona no puede ser realista sobre su potencial hasta que sea realista sobre su posición. En otras palabras, tiene que saber en dónde está antes de que pueda descubrir cómo llegar a otro lugar.

Max DePree, presidente emérito de Herman Miller, Inc. y miembro de *Fortune Magazine's National Business Hall of Fame* [Revista nacional Fortune del salón de la fama de los negocios], dijo que la primera responsabilidad de un líder es definir la realidad. Creo que es la primera responsabilidad de un líder que desarrolla a los demás es ayudarlos a definir la realidad de quiénes son. Los líderes les ayudan a reconocer sus fortalezas y debilidades, lo cual es crucial si queremos ayudarlos.

6. ESTÉ LISTO PARA TENER UNA CONVERSACIÓN DIFÍCIL

No hay desarrollo sin lecciones fuertes. La mayoría del crecimiento viene cuando tenemos respuestas positivas a cosas negativas. Entre más difícil sea tratar con algo, más necesitamos presionar para crecer. Con frecuencia el proceso no es muy placentero, pero siempre tiene que pagar un precio para crecer.

Los buenos líderes están dispuestos a tener conversaciones difíciles para empezar el proceso de crecimiento de la gente bajo su cuidado. Un amigo me contó la historia de un antiguo oficial de la armada de Estados Unidos, que estaba trabajando en una compañía de Fortune 500. Repetidamente, el hombre había sido pasado por alto cuando los líderes de la organización buscaban y reclutaban empleados con potencial de liderazgo para crecer en la organización y no podía entender por qué. Su expediente de rendimiento era bueno, su actitud positiva y tenía experiencia; entonces, ¿cuál era el problema?

El antiguo oficial tenía peculiares hábitos personales que hacían sentir incómodos a los demás cuando estaban a su alrededor: cuando se estresaba, tarareaba; cuando se agitaba mucho, se sentaba sobre sus manos; no se daba cuenta de que hacía estas cosas y nadie le había hecho notar estos hábitos que distraían y eran poco profesionales. La gente simplemente lo tomó como alguien raro.

Afortunadamente, el hombre trabajó finalmente para un líder que estaba dispuesto a tener una conversación difícil con él. El líder le hizo saber el problema, dejó el hábito y ahora tiene un puesto superior en la organización.

Cuando no quiere tener una conversación difícil, necesita preguntarse: *¿Es porque los va a herir o me va a herir?* Si es porque lo va a herir, entonces está siendo egoísta; los buenos líderes dejan pasar esta incomodidad de tener conversaciones difíciles por el bien de las personas a las que guían y de la organización. Lo que usted necesita recordar es que la gente superará las cosas difíciles si creen que quiere trabajar con ellos.

7. CELEBRE LOS TRIUNFOS INDICADOS

Los líderes que desarrollan a los demás siempre quieren ayudarle a su gente para que obtenga triunfos, especialmente cuando está empezando; pero un triunfo estratégico siempre tiene el mejor valor. Trate de dirigir los triunfos basándose en qué áreas quiere que la gente crezca y cómo quiere que lo haga. Esto les dará incentivo y ánimo extras para perseguir las cosas que los ayudarán a mejorar.

Es realmente importante la manera como establece los triunfos. Un buen triunfo es uno que no sólo es logrado, sino que también está enfocado en la dirección correcta. Si alguien a quien guía emprende mal una actividad, pero de alguna manera obtiene los resultados correctos y usted lo celebra, está tendiéndole una trampa a esa persona para que fracase. La experiencia por sí sola no es buena maestra; en cambio la experiencia evaluada, sí lo es. Como líder, necesita evaluar lo que se ve como un triunfo, para asegurarse de que realmente esté enseñando lo que su empleado necesita aprender para crecer y desarrollarse.

8. Prepárelos para el liderazgo

En el contexto de la organización, ningún proceso de desarrollo estará completo sin la inclusión del desarrollo del liderazgo. Entre mejor sea su gente para guiar, mayor será el impacto potencial que tendrá en y para la organización; pero eso significa más que sólo enseñar lecciones de liderazgo o pedirle a la gente que lea libros sobre el tema. Significa llevarlos a través de un proceso que los prepare para intervenir y guiar.

Véalos volar más alto

Si se dedica al desarrollo de la gente y se compromete a ello como un proceso a largo plazo, notará un cambio en su relación con las personas con quienes trabaja. Desarrollarán una fuerte lealtad hacia usted, ya que saben que tiene el mejor interés de corazón en ellas y lo ha demostrado con sus acciones. Entre más les ayude a crecer, más querrán estar a su lado.

Sabiendo esto, no se aferre mucho a ellas. Algunas veces la mejor cosa que puede hacer por una persona es dejarla que abra sus alas y vuele. Pero si se ha esmerado en el proceso de desarrollo, y les ha ayudado a transmitir lo que han aprendido, alguien más subirá y tomará el lugar de ellos.

Cuando desarrolla continuamente a la gente, nunca faltarán líderes que edifiquen la organización y le ayuden a cargar el peso.

8

¿QUÉ DEBO HACER
SI ME SUPERAN?

*¡No hay mejor logro para los mentores que cuando
la gente a la que ayudaron a crecer los supera!*

Desde el principio de mi carrera fui muy afortunado. A
los cuatro años de edad ya sabía lo que quería hacer en
la vida; y crecí en un hogar con un padre que tenía experiencia y éxito en la profesión en la que lo seguiría. Es la misma
situación de la familia Manning en el fútbol americano.
Peyton y Eli Manning, exitosos mariscales de campo de la
NFL crecieron en la casa de Archie Manning, quien jugó
para los Santos de Nueva Orleáns; como resultado, tenían
un arranque en el fútbol americano que el noventa y nueve
por ciento de los otros niños no tenían.

Además de la experiencia y orientación que recibí con
sólo estar cerca de mi padre, me beneficié con su fuerte liderazgo y su manera de ser mentor. Era muy estratégico en mi

desarrollo, identificando y animando mis fortalezas desde temprano. Me envió a muchos seminarios de Dale Carnegie antes de que me graduara de la preparatoria, dirigió mi crecimiento con mucha lectura y me llevó a ver y conocer a algunos de los mejores predicadores de la época. Las ventajas que recibí son bastantes como para mencionarlas todas, y estoy muy agradecido por ellas.

El resultado de mi educación fue que vi el éxito desde el inicio en mi carrera. Fui el primero en alcanzar muchas cosas dentro de mi denominación: fui la persona más joven que fue electa para una oficina nacional, fui el primer pastor en cambiar el nombre de la iglesia para alcanzar mejor a la comunidad, fui el más joven en escribir su primer libro, y tuve la primera iglesia con una asistencia promedio de más de mil personas cada domingo.

Desafortunadamente durante esos años, seguramente fui el pastor más solitario en mi denominación. La buena noticia fue que cuando fracasé, mucha gente estaba dispuesta a compadecerse de mí; pero cuando tuve éxito, pocos celebraron. Pensé que mis colegas y yo estábamos en el mismo equipo, pero evidentemente no lo vieron de esa manera, muchas veces Margaret y yo celebramos solos.

LOS BUENOS MENTORES APRENDEN EL PRINCIPIO DE LA CELEBRACIÓN

Esas experiencias tempranas nos enseñaron mucho. De ellos aprendimos el Principio de la Celebración: la verdadera prueba de las relaciones no sólo es qué tan leales somos con los amigos cuando fracasan, sino qué tan felices estamos cuando tienen éxito. También aprendimos algunas cosas que posiblemente encontrará valiosas:

LA GRAN ALEGRÍA DEL LOGRO SE DISMINUYE CUANDO NADIE CELEBRA CON USTED

Cuando fui a la conferencia de mi denominación en mi primer año como pastor, estaba feliz de las cosas que pasaban en mi iglesia. Estaba ayudando a las personas, y pensé que realmente estaba cambiando las cosas en mi comunidad, mi entusiasmo era infinito. Pero para mi sorpresa, ¡nadie compartía mi felicidad! La gente me veía con escepticismo o desdén, esto realmente desinfló mis emociones. Las palabras del dramaturgo Oscar Wilde fueron verdad: «Cualquiera puede simpatizar con el sufrimiento de un amigo, pero se requiere de una muy fina naturaleza para simpatizar con el éxito de un amigo».

Después de que Margaret y yo lo habláramos, decidimos que nunca dejaríamos que la carencia de entusiasmo de los demás disminuyera el nuestro, y también determinamos que celebraríamos con los amigos cuando tuvieran éxito, ¡y ser aun más entusiastas con ellos cuando nos superaran!

Esa es una de las razones por las que me encanta dar conferencias a líderes jóvenes, me da la oportunidad de celebrar con ellos y abanderar su éxito. Quiero que se sientan animados y que persigan sus sueños. No se sabe lo que puedan lograr sabiendo que los demás quieren que triunfen.

Mucha gente se identifica con el fracaso, poca gente se identifica con el éxito

Muchos años atrás escribí un libro llamado *El lado positivo del fracaso*. Mientras trabajaba en él, daba conferencias del tema por todo el país, y me di cuenta que *todos* nos identificamos con el fracaso. De hecho, cuando le dije a la gente que tenía que aprender a usar sus errores como escalones para el éxito *fracasando de manera positiva*, la reacción del público fue audible, pues querían aprender como fracasar de esa manera.

Lo que descubrí con el paso de los años de trabajar con la gente es lo siguiente: uno puede ser capaz de impresionarla con su éxito, pero si quiere influenciarla, comparta sus fracasos. Todos tienen fracasos, así que es una buena manera de conectarse.

El problema es que como la gente inmediatamente se

identifica con el fracaso, algunas veces les cuesta mucho trabajo conectarse con el éxito. Y si no se identifican con el éxito, puede que lo resientan.

LO QUE DIFICULTA QUE LAS PERSONAS TENGAN ÉXITO, A MENUDO LES IMPIDE CELEBRAR EL ÉXITO DE LOS DEMÁS

Con frecuencia las mismas características que impiden que la gente obtenga el éxito: seguridad emocional, la escasez de perspectiva, mucha envidia, etc., son las que les impiden celebrar el éxito de otros. Constantemente se comparan con los demás y se encuentran en desventaja; como resultado, les cuesta trabajo superarse.

El orador profesional Joe Larson una vez dijo: «Mis amigos no creían que me pudiera convertir en un orador exitoso, así que hice algo al respecto: ¡Salí a buscarme nuevos amigos!» Es triste pero en ocasiones eso es lo que hace falta.

LA GENTE QUE CELEBRA CON USTED SE VUELVE AMIGA DE TODA LA VIDA

Años atrás, durante los primeros años de mi carrera, dos personas fuera de mi familia que celebraban con nosotros cuando teníamos éxito fueron Dave y Mary Vaughn. Dave estaba unos años adelante de mí en la carrera y siempre estaba listo para animarme cuando lograba una meta o superaba algún problema. Incluso cuando mi iglesia creció más que la suya y gané más notoriedad, nunca se hizo para atrás. ¡Y treinta y cinco años después él y Mary todavía celebran con nosotros!

TENGA CUIDADO CON EL MONSTRUO DE LOS OJOS VERDES

En octubre de 2003, en *Catalyst,* una conferencia para líderes jóvenes presentada por Máximo Impacto, habló Andy Stanley. Andy es un comunicador efectivo y auténtico, él dirige la iglesia Northpoint Community, una de las principales en el país con una asistencia de más de quince mil personas cada fin de semana (sólo por si acaso no está familiarizado con el mundo de las iglesias, eso fue lo que puso a la asistencia de Northpoint en el uno por ciento de mayor importancia de todas las iglesias en Estados Unidos).

La segunda sesión de Andy se trató de cuatro características negativas que pueden hacer que un líder tropiece: culpabilidad, enojo, codicia y envidia. Andy confesó que él en ocasiones experimenta momentos de envidia profesional cuando escucha hablar a otra persona exitosa. Él dijo: «Tengo que hacer un esfuerzo por celebrar el éxito de una persona que hace lo que yo hago».

Ese potencial de envidia se extiende incluso a los amigos más cercanos de Andy, incluyendo a Louie Giglio, quien dirige Choice Resources. Andy explicó:

Louie y yo hemos sido amigos desde el sexto grado... nos conocimos en un campamento para jóvenes bajo una litera mientras unos estudiantes del último grado se peleaban encima de nuestras cabezas... Louie es un comunicador fenomenal, cuando anuncié en nuestra iglesia que Giglio iba a hablar la siguiente semana, todos empezaron a aplaudir y tuvimos una gran asistencia ese domingo. Y después por cuatro o cinco días el resto de la semana todos mencionaban «Louie esto, Louie lo otro».

Andy continuó diciendo como Louie enseña siempre con un lleno total en sus eventos y presenta material sobresaliente; cada vez que Andy lo escucha hablar, pequeñas punzadas de envidia amenazan con levantar sus horribles cabezas.

Esos sentimientos podrían destruir la relación de Andy y Louie, y esa relación es muy fuerte. No sólo trabajan juntos en ocasiones sino que también sus familias son unidas, incluso van juntos de vacaciones. ¿Cómo le hace Andy para manejar su envidia? celebrando los logros de Louis; cuando

Louie da un buen mensaje, Andy va a elogiarlo y a celebrar con él, y Louie también hace lo mismo. Andy dijo: «No es suficiente pensarlo. Tengo que decirlo porque así limpio mi corazón, celebrando es como se derrota a la envidia».

CONVIÉRTASE EN UN INICIADOR DE FIESTAS

Andy no está solo. Si la mayoría de la gente fuera honesta, admitiría sus sentimientos de celos o envidia cuando ve el éxito de otras personas, incluso cuando quienes lo están teniendo sean amigos cercanos o individuos de los que fueron mentores. Sé que he tenido sentimientos de envidia ¿Usted los ha tenido?, ¿cómo hacer para celebrar con los demás en lugar de ignorarlos o debilitarlos? Inicie con estas cuatro cosas:

1. DÉSE CUENTA DE QUE NO ES UNA COMPETENCIA

Es imposible hacer algo por usted mismo que tenga una trascendencia verdadera. Es muy difícil alcanzar el éxito sin ayuda, y aunque se vuelva exitoso, no lo disfrutará sin amigos. La vida es mejor en una comunidad de personas que ama y que también lo aman.

Cuando reflexiono en el valor de la comunidad, muchas cosas vienen a mi mente.

Mi éxito puede ser alcanzado solamente con los demás.

Mis lecciones pueden ser aprendidas sólo con la ayuda de los demás.

Mis debilidades pueden ser fortalecidas únicamente por los demás.

Mi servicio puede ser examinado sólo siendo líder de los demás.

Mi influencia puede ser compuesta sólo a través de los demás.

Mi liderazgo puede ser enfocado solamente en los demás.

Mis mejores cosas pueden serles dadas únicamente a los demás.

Mi legado puede ser dejado sólo a los demás.

¡Así que me debería comprometer a celebrar con los demás!

Cada persona tiene un impacto en cada aspecto de la vida. La mayoría del tiempo, elijo con mi actitud si ese impacto es positivo o negativo.

El animador Bette Midler dijo: «La peor parte del éxito es tratar de encontrar a alguien que esté feliz por usted». No vea como competencia a sus amigos, familia y compañeros de equipo, sea del tipo raro de personas que se alegran con el éxito de los demás.

2. Celebre cuando los demás vean el éxito

Nadie ve el éxito de la manera en que usted lo ve. Cuando se trata del Principio de la Celebración, debe estar dispuesto a ver las cosas desde el punto de vista de otros. ¿Cuáles son sus sueños?, ¿qué metas se han puesto?, ¿en qué batallas están peleando? Cuando alcanzan algo que es importante para *ellos*. ¡Celébrelo! Tenga especial cuidado cuando un amigo logra algo que usted ya ha alcanzado, y tal vez lo encuentra algo anticuado. Asegúrese de celebrarlo con entusiasmo. Nunca le robe el estrellato a otra persona.

3. Celebre el éxito que los demás aún no han obtenido

Algunas veces las personas hacen grandes progresos pero no se dan cuenta de ello. ¿Alguna vez ha iniciado alguna dieta o ejercicio y después de un tiempo siente que ha estado luchando mucho, para que sólo un amigo le haya dicho lo bien que se veía?, o ¿alguna vez ha trabajado en un proyecto y se sintió desanimado por su progreso, pero otra persona se ha maravillado de él? Es inspirador y lo hace querer trabajar más duro. Si *no ha tenido* a un amigo que haga eso por usted, entonces puede que necesite amigos nuevos, gente que practique el Principio de la Celebración. Y definitivamente debe de celebrar el éxito de las personas de las cuales es mentor, que pueden no haber sido vistas por los demás.

4. CELEBRE MÁS CON AQUELLOS QUE ESTÁN MÁS CERCA DE USTED

Entre más cercana sea la gente y entre más importante sea su relación, más tienen que celebrar. Celebre pronto y seguido con aquellos que están cerca suyo, en especial con su pareja e hijos, si tiene familia. En general es fácil celebrar las victorias en el trabajo, en un pasatiempo o deporte. Sin embargo las mayores victorias en la vida son las que ocurren en el hogar.

Mi amigo Dan Reiland dice: «Un amigo genuino nos anima y desafía a hacer realidad nuestros mejores pensamientos, a honrar nuestros motivos más puros y alcanzar nuestros sueños más significativos». Eso es lo que debemos hacer con las personas importantes de nuestras vidas.

Tengo que confesar algo, no siempre he sido practicante del Principio de la Celebración en el trabajo. Siempre he celebrado en casa, pero en los primeros años de mi carrera, era muy competitivo. Estaba orientado al logro, y muy consciente de donde me clasificaba en comparación a mis colegas. Secretamente disfrutaba ver mi progreso mientras crecía en esos rangos; pero mientras iba directo a la cima, algo sucedió, el éxito de mis metas no era tan gratificante como yo esperaba que fuera. Sentí que algo me faltaba.

A finales de los años ochenta e inicios de los noventa finalmente empecé a cambiar; cuando cumplí cuarenta me di cuenta de que para alcanzar mis metas necesitaría la ayuda de los demás, así que empecé a desarrollar más agresivamente a mi empleados para que guiaran. Al inicio, mis intenciones eran un tanto egoístas, pero cuando ayudé a otros a tener éxito, descubrí que eso me traía una gran dicha, sin importar si me beneficiaba personalmente.

Lo que descubrí fue que el viaje es mucho más divertido si lleva a alguien con usted; es difícil tener esa perspectiva si sólo celebra su propio éxito. Si quiere que las personas lo obtengan a su lado, entonces necesita animarlas, servirles de mentor y celebrar sus éxitos. No sólo les da el incentivo de seguir esforzándose por sus sueños, sino que también les ayuda a disfrutar del viaje a lo largo del camino. Cuando empecé a extenderles la mano y a celebrar su éxito, me di cuenta de que eso me traía más dicha que mis propios éxitos.

Ahora trato de celebrar con toda la gente que puedo, no sólo con mi familia, amigos y colegas más cercanos, sino también con la gente que está más lejos de mi círculo. Entre más gente animo y ayudo a obtener éxito, más me agrada. Si usted ayuda a mucha gente, la fiesta nunca termina.

Notas

Capítulo 1

1. Robert G. C. Waite, *The Psychopathic God: Adolph Hitler* (Nueva York: Basic Books, 1977), pp. 244-45.

Capítulo 2

1. Lee Iacocca y William Novak, *Iacocca* (Nueva York: Bantam, 1986) [*Iacocca: Autobiografía de un triunfador* (Barcelona: Grijalbo, 1992)].

Capítulo 3

1. Citado en Ted J. Rakstis, "Creativity at Work," *Kiwanis Magazine.*

2. Joe Griffith, *Speaker's Library of Business* (Englewood Cliffs: Prentice-Hall, 1990), p. 55.

Capítulo 4

1. Bennet Cerf, *The Sound of Laughter* (Garden City, NY: Doubleday and Company, 1970), p. 54.

2. Morton Hunt, "Are You Mistrustful?" *Parade*, 6 marzo 1988.

Capítulo 6

1. David A. Seamands, *Healing Grace* (Wheaton, IL: Victor Books, 1988).

2. *Success Unlimited* (revista que ya no se edita).

Acerca del Autor

John C. Maxwell es un reconocido experto en liderazgo a nivel internacional, orador y autor que ha vendido más de 19 millones de libros. Es el fundador de EQUIP, una organización sin fines de lucro que ha capacitado a más de 5 millones de líderes en 126 países por todo el mundo. Anualmente habla a los líderes de diversas organizaciones, tales como compañías de la lista Fortune 500, gobiernos extranjeros, la Liga Nacional de Fútbol Americano, la Academia Militar de Estados Unidos en West Point y las Naciones Unidas. Un autor de *best sellers* del *New York Times*, *Wall Street Journal* y *Business Week*, Maxwell ha escrito tres libros que han vendido cada uno más de un millón de ejemplares en inglés: *Las 21 leyes irrefutables de liderazgo, Desarrolle el líder que está en usted* y *Las 21 cualidades indispensables de un líder.* Se puede leer su blog en JohnMaxwellOnLeadership.com y seguirle en Twitter.com/JohnCMaxwell.